新文科背景下阿拉伯语一流专业建设研究

XIN WENKE BEIJING XIA
ALABOYU YILIU ZHUANYE JIANSHE YANJIU

潘雷＼著

中国出版集团有限公司
世界图书出版公司
广州·上海·西安·北京

图书在版编目（CIP）数据

新文科背景下阿拉伯语一流专业建设研究/潘雷著. —广州：世界图书出版广东有限公司，2025. 9. —ISBN 978-7-5232-2565-3

Ⅰ. H379.3

中国国家版本馆CIP数据核字第2025WW5339号

书　　名	新文科背景下一流阿拉伯语专业建设研究 XIN WENKE BEIJING XIA YILIU ALABOYU ZHUANYE JIANSHE YANJIU
著　　者	潘　雷
责任编辑	魏志华　王鸿仪
装帧设计	苏　婷
责任技编	刘上锦
出版发行	世界图书出版有限公司　世界图书出版广东有限公司
地　　址	广州市海珠区新港西路大江冲25号
邮　　编	510300
电　　话	020-84184026　84453623
网　　址	http://www.gdst.com.cn
邮　　箱	wpc_gdst@163.com
经　　销	各地新华书店
印　　刷	广州小明数码印刷有限公司
开　　本	787 mm × 1 092 mm　1/16
印　　张	9.5
字　　数	143千字
版　　次	2025年9月第1版　　2025年9月第1次印刷
国际书号	ISBN 978-7-5232-2565-3
定　　价	38.00元

前言

当前，世界格局正在发生深刻变化，新一轮科技革命推动着知识体系的快速更新。在此背景下，国家对高等教育和复合型人才的需求更为迫切。“新文科”建设作为重要战略应运而生，旨在打破学科壁垒，推动人文社科领域的创新融合，以应对复杂的社会挑战。

在“一带一路”合作深化、中阿战略伙伴关系持续发展的背景下，阿拉伯语专业承担着重要使命。该专业不仅是语言教学，更是文化交流的桥梁、战略沟通的纽带。但目前专业建设仍面临诸多挑战：课程体系侧重语言技能培养，跨学科视野不足；教学内容与区域国别研究前沿存在差距；信息技术应用有待深化；对阿拉伯世界多元文化理解不够深入；服务国家战略的能力需要提升。传统培养模式已难以适应新文科要求的复合型、国际化人才培养需求。

新文科理念为阿拉伯语专业建设指明方向，重点体现在：（1）推动语言与政治学、经济学、人工智能等学科的交叉融合，构建复合知识体系；（2）将思政教育融入专业教学，培养具有家国情怀的文化传播者；（3）运用现代技术改造教学方式，建设共享资源平台；（4）加强校企政合作，建立协同育人机制，提升服务国家战略的实践能力。

阿拉伯语专业建设不仅是学科发展需要，更是服务国家战略的重要举措。这要求我们以新文科理念为指导，系统改革培养目标、课程设置、教学模式和评价体系，培养能够参与全球治理、促进文明互鉴的高素质人才。

本书立足新文科视角，探讨阿拉伯语专业建设的核心理念和实施路径，致力于构建具有中国特色、国际水准的专业发展新模式。通过语言教学与学术研究的深度融合，为服务国家发展战略贡献力量。

感谢学院领导的支持和出版社编辑的辛勤工作。限于作者水平，书中难免存在疏漏，恳请读者批评指正。

潘　雷

2025年7月

目录

第一章　绪论

一、研究背景和意义

1958年，美国颁布的*National Defense Education Act*①首次将外语提高到与数学和科学等同等重要的地位，之后在2004年、2006年、2011年多次出台国家层面的语言发展战略计划。2010年，经济合作与发展组织（OECD）发布了*Languages in a Global World—Learning for Better Cultural Understanding*②。2013年，日本发布了《应对全球化的英语教育改革实施计划》。③ 2015年，UNESCO④发布了*Rethinking Education: Towards a Global Common Good?*⑤一文，文中强调世界持续发生的深刻变化，教育也在随之发生变化，今天的教育会影响到未来的变数。同年10月，在中共中央全面深化改革领导小组第15次会议上审议通过了《统筹推进世界一流大学和一流学科建设总体方案》(下文简称《方案》)。

2017年1月,《统筹推进世界一流大学和一流学科建设实施办法（暂行)》颁布，对一流大学和一流学科，即“双一流”的遴选条件、遴选程序、支持方式、动态管理、组织实施等做出了具体的规定，标志着我国“双一流”建设的开始。

2017年9月21日，教育部、财政部、国家发展和改革委员会联合发布

①《国防教育法》。

②《全球化背景下的世界语言——为更好地理解文化而学》。

③吴岩:《新使命 大格局 新文科 大外语》,《外语教育研究前沿》，2019年第2期，第6页。

④联合国教科文组织。

⑤《反思教育：向“全球共同利益”的理念转变？》，https://unesdoc.unesco.org/ark:/48223/pf0000232555（2022年8月23日读取）

《关于公布世界一流大学和一流学科建设高校及建设学科名单的通知》，正式确认和公布了世界一流大学和一流学科建设高校和学科的名单。首批双一流建设高校137所，其中世界一流大学建设高校42所，世界一流学科建设高校95所，双一流建设学科465个。令人遗憾的是，外语高校未入选一流大学建设名单。但一些大学的外语学科入选了一流学科建设名单，这些外语学科所在的大学是北京大学、南京大学、北京外国语大学、上海外国语大学。阿拉伯语专业属于外语学科，在这些入选一流学科建设的大学里有阿拉伯语专业的是北京大学、北京外国语大学、上海外国语大学。此外，湖南师范大学和延边大学的外语学科自定为一流学科建设学科。

2017年10月18日，习近平总书记在党的十九大报告中指出，要加快一流大学和一流学科建设。建设世界一流大学和一流学科，是中国共产党中央委员会、中华人民共和国国务院作出的重大战略决策，亦是中国高等教育领域继“211工程”“985工程”之后的又一国家战略，有利于提升中国高等教育综合实力和国际竞争力，为实现“两个一百年”奋斗目标和中华民族伟大复兴的中国梦提供有力支撑。

2018年3月17日，“首届一流外国语言文学学科建设与发展高峰论坛暨中国高校外语学科发展联盟成立大会”在上海外国语大学召开，各高校200多名外语学科的专家学者与教育管理者出席。会议成立了“中国高校外语学科发展联盟”(下文简称“联盟”）这一“共同体”。“联盟”成立后，相关的学术组织也相继成立，相关的学术论坛也火热地举办起来，这些将在下文中提到。

2018年6月29日，“联盟”与广东财经大学联合主办“新时代高水平行业特色型大学外语学科建设高层论坛”。8月，教育部、财政部、国家发展和改革委员会联合印发《关于高等学校加快“双一流”建设的指导意见》，提出一流大学建设要优化学科布局，全面提高人才培养能力。同年9月，教育部召开加强公共外语教学改革会议，要求培养“一精多会、一专多能”的国际化复合型人才。9月22日，在上海工程技术大学举办的“中国高校外语学科发展联盟理工类院校委员会揭牌仪式暨首届全国理工类院校外语教育发展论坛”

上，理工类院校委员会正式成立。12月21日，在北京师范大学召开的“改革开放40年外语教育发展高端论坛暨中国高校外语学科发展联盟师范类院校委员会筹备会”通过了《中国高校外语学科发展联盟师范类院校委员会章程（草案）》。也是在12月，还举办了“首届中国外国文学研究高峰论坛”。同时，各地方积极响应中央和各部委的号召，重庆市领导同年12月也在全市教育大会上强调：“深入领会总书记教育新理念新思想新观点的精神实质，深入推动总书记关于教育的重要论述在重庆大地上落地生根、开花结果，大力实施科教兴市和人才强市行动计划，为重庆经济社会发展提供坚实人才支撑和智力保障。”重庆市领导也指出，要着力提升教育服务创新发展能力，加快“双一流”建设，扩大高等教育对外开放。中西部地区高等教育对整个国家发展布局有重要战略意义，因此，“国家实施中西部高等教育振兴计划，一批有特色、高水平中西部高校加快发展。”[①]中央实施“中西部高等教育振兴计划升级版”，统筹谋划中西部高校综合实力提升工程。充分发挥高等教育集群发展的“集聚—溢出效应”，以重庆、成都、西安这个西三角为战略支点，以区域经济社会发展为目标导向，以区域内高水平大学为发展龙头，引领带动推进西南高等教育集群整体发展，真正让中西部高等教育产生“自我造血能力”。

2019年2月，中共中央、国务院印发了《中国教育现代化2035》，中共中央办公厅、国务院办公厅印发了《加快推进教育现代化实施方案（2018—2022年）》。同年，教育部启动“六卓越一拔尖”计划2.0，开展一流本科专业建设“双万计划”，实现高等教育内涵式发展，同时引领推动新工科、新医科、新农科和新文科建设。同年4月，“第二届一流外国语言文学学科建设与发展高峰论坛暨《外语高教研究》发布会”在西安召开。12月，上海外国语大学举办了新文科背景下的“‘多语种+’卓越国际化人才培养高峰论坛”。这一年也是新文科的启动年，新文科建设是国家对学科建设为适应新时代发展而提出的新要求。什么是新文科呢？按照王铭玉和张涛对新文科的定义：

①陈宝生：《在全国教育工作会议上的讲话》，《中国高等教育》，2018年5月，第8页。

"新文科是相对传统文科而言的，是以全球新科技革命、新经济发展、中国特色社会主义进入新时代为背景，突破传统文科的思维模式，以继承与创新、交叉与融合、协同与共享为主要发展建设途径，促进多学科交叉与深度融合，推动传统文科的更新升级，从学科导向转向以需求为导向，从专业分割转向交叉融合，从适应服务转向支撑引领。"① "四新"学科建设总的目标是在我国原有学科基础上，通过学科整合，开拓创新，凝练特色，建成具有反映中国特色理论水平、学术水平和话语水平的世界一流学科，进而创建世界一流大学。②也就是说，新文科是途径，最终目的还是建设世界一流学科和一流大学。

2020年，若干所大学和一批学科进入世界一流行列，若干学科进入世界一流学科前列。同年11月3日，由教育部新文科建设工作组主办的新文科建设工作会议在山东大学（威海）召开。会议研究了新时代中国高等文科教育创新发展举措，发布了《新文科建设宣言》，对新文科建设作出了全面部署。会议强调，新文科建设不仅影响文科本身还影响理工农医教育，更影响高等教育全局。③《新文科建设宣言》中强调，新文科建设应该紧扣国家软实力建设和文化繁荣发展新需求，紧跟新一轮科技革命和产业变革新趋势，积极推动人工智能、大数据等现代信息技术与文科专业深入融合，积极发展文科类新兴专业，推动原有文科专业改造升级。

2021年教育部又设立了首批"新文科研究与改革实践项目"，标志着新文科建设跨入了实操阶段。④

2022年是加快教育现代化、建设教育强国的关键期。2022年2月9日，"第二轮'双一流'建设高校及建设学科名单"公布，我国"双一流"建设高

---

①安丰存、王铭玉：《新文科建设的本质、地位及体系》,《学术交流》，2019年第11期，第6页。

②王铭玉、张涛：《高校"新文科"建设：概念与行动》,《中国社会科学报》，2019年3月21日，第4版。

③《<新文科建设宣言>正式发布》，https://news.eol.cn/yaowen/202011/t20201103_2029763.shtml，2024年7月17日访问。

④张剑：《外国语言文学的学科边界与"新文科"的交叉融合》,《上海交通大学学报（哲学社会科学版）》2023第1期，第102页。

校已经达到147所，其中北京师范大学、北京外国语大学、延边大学、复旦大学、上海外国语大学、南京大学的外国语言文学学科入围。第二轮“双一流”建设，不再区分“一流大学”建设高校和“一流学科”建设高校。这一变化体现了“双一流”建设向“一流学科”建设聚焦。

2030年，更多的大学和学科进入世界一流行列，若干所大学进入世界一流大学前列，一批学科进入世界一流学科前列，高等教育整体实力显著提升。

2035年，是总体实现教育现代化、建成教育强国、进入世界第一方阵前列的决胜期。

2050年，一流大学和一流学科的数量和实力进入世界前列，基本建成高等教育强国。

21世纪中叶，是建成社会主义现代化强国、实现中华民族伟大复兴的达成期。

“以外语人才培养为主的高校，在学校规模和学科综合实力上都无法与综合性大学相比，但可以坚持内涵发展、特色发展、差异化发展，以其鲜明的特色、小而精的高质量在某些学科领域争创世界一流。”①一流大学和一流学科的建设要以一流专业的建设为依托，一流专业建设是一流学科建设的基础，“双一流”的重要内涵是“一流专业”。国家要建设一批“一流本科、一流专业、一流人才”示范引领基地。“双一流”建设对我国从高等教育大国向强国的历史性跨越，对整体提升我国教育水平、强化国家核心竞争力意义重大，是党中央、国务院作出的战略决策。

二、文献综述

新文科的研究方面，安丰存和王铭玉（2019）就新文科建设的本质、地

①杨建国、崔玉晶：《“双一流”建设背景下外语人才培养模式探究》，《北京教育（高教）》，2018年第6期，第43页。

位及体系提出了自己的观点，特别强调了新工科、新医科、新农科和新文科之间相互交叉融合的可能性。吕洪灵（2022）探讨了在新文科政策的大背景下外国文学研究和国别与区域研究的关系，跨学科研究是二者的基础，但各自又需要保持其独立性，列举了若干实践案例，最终目的是实现二者的共同发展。王华树和刘世界（2022）基于新文科建设理念，着重探讨了符合新文科需求的翻译技术核心课程的教学模式。提出翻译技术核心课程应把握以下几个原则：翻译技术课程的核心课程定位、教学方法多元化、内容设计层次化、考核方式动态化。武晓霞和孙悦（2022）探讨了新修订的《大学俄语教学指南》中对俄语教学在新文科背景下的新要求。新文科要求大学俄语课程建设具有能力导向、思政统领、通识化、多样化、系统性等新特点。刘和平和韩林涛（2022）探讨了新文科背景下融合型语言服务人才培养的新模式，指出在新文科背景下外语和翻译专业培养的不是懂语言的技术人才，而是懂技术的语言人才。张剑（2023）通过分析“文文交叉”“文理交叉”等外语学科交叉融合的方式，列举交叉融合的范例，指出在新文科背景下，外国语言文学学科的内涵有进一步扩大的可能，新文科建设所倡导的学科“交叉融合”将使外国语言文学学科的边界进一步模糊，将会改变学科的研究范式。张晓红和林家钊（2023）的论文回答了外语教师如何教研、外语学生如何成才、外语学科话语如何言说这三大关键问题。文章指出新技术应用拓展了外语研究的平台、领域和方法，在“器”的层面赋能外语教育及科研。国际复合型人才培养体系因应地缘政治变化，在“象”的层面提升外语学科内涵。中国话语的主体性追求，有助于矫正中西文化话语赤字，以实现外语学科健康发展之“道”。樊晓燕（2023）就新文科背景下我国外语学科博士研究生的科研能力进行了实证研究，通过对310名在读博士进行问卷调查，主要探讨了三个问题：我国外语学科博士研究生科研能力的总体状况如何？外语学科博士研究生的科研能力各维度与科研产出是否存在相关关系？外语学科博士研究生的个人背景变量是否会对其科研能力产生显著性影响？王乐和王晓涔（2023）以当当网销售以及国家图书馆中文及特藏文献数据库中收录的语言学教材数据为依据，结合当前教育生态，从建设困境和优化路径两个方面开展新文科背景下语言学教材建设思考。邓世平（2023）结合学科发展资料、半结构化访谈等数据，对华东一所外语类高校的语言政策与语言教育、国别与区域研究、语言数据科学与应用3个学科开展跨案例比较研究，着重从知识观视角探究新文科视域下外语学科知识体系的交叉融合建构路径，分析相关影响因素，并就创新外语学科知识体系提出了建议。研究指出应该分类推进外语学科知识体系的交叉融合，建构与高校实际情况相符的外语学科交叉融合知识体系，并应根据实践需求和人才培养规律对学科交叉的方式、类型、程度等进行合理规划。黄国文（2023）研究新工科、新医科、新农科、新文科和外语学科建设的关系，认为外语学科与任何其他学科交叉，都必须始终注重培养学生的听、说、读、写、译技能，提高学生的外语交际能力，拓宽学生的学科知识和其他相关知识。外语学科本质上是一门以语言为基础的学科，要与“四新”深度交叉或融合不是件容易的事，需要解放思想，努力创新。马洁和任学柱（2023）采用质性方法对12位高校外语教师开展了深度访谈，挖掘新文科建设中外语教师专业身份建构的时代内涵、特征及促成因素。王奕红和韩亦男（2023）结合南京大学日语专业的建设实践，探析以“问题”为核心建设新文科日语专业的可能性。徐洪征（2024）以中国传媒大学俄语专业为例，从培养目标、定位、课程设置、人才培养模式、师资和教育改革等方面讨论了新文科背景下俄语专业特色的建设，特别探究了“俄语+传媒”特色专业建设发展路径。黄慧和彭云（2024）在新文科建设背景下结合外语学科特点，厘清了外语专业学生跨学科素养的概念，并构建了带有权重系数值的外语专业学生跨学科素养模型。模型包含了3个一级要素和10个二级要素，从“跨学科知识”“跨学科能力”“跨学科态度”维度呈现了外语专业学生的跨学科素养，为外语专业学生跨学科素养研究提供了新的认知视角和概念框架。唐东旭和李孝英（2024）指出，在教育强国建设背景下，高等教育外语学科高质量发展需要融合贯彻“新文科”与“有组织科研”建设的核心思想，强调立德树人，提升人才培养质量。需要从改进外语学科的科研实践模式、调整科研团队的人员构成、健全科研项目的评价体系与支持保障体系这三个方面来优化整体科研模式。张艳玲和白辉（2024）以中国民航大学翻译硕士的人才培养为例，在新文科建设和行业院校的双重背景下，从培养目标、教学内容、评价体系三个方面探讨复合型翻译人才培养的内涵如何深化，在专业、课程、培养路径三个维度上讨论行业院校的特色如何凸显。

众多专家、学者围绕着“一流外语学科专业”这一主题进行了深入细致的研究。有的研究从宏观角度入手：戴炜栋、王雪梅（2016）研究了“双一流”背景下我国外国语言文学学科发展战略。束定芳（2017）研究了社会需求与外语学科的建设，明确了外语教学和外语学科建设既应该适应国家战略大需求，又要满足个人发展的小需求，从五个方面思考和实践外语学科的发展路径。戴炜栋、王雪梅（2017）分析了“双一流”背景下，外语类院校发展的定位、特征与发展战略。王雪梅（2017）研究了外语类院校如何建设“双一流”。杨建国、崔玉晶（2018）研究了“双一流”背景下外语人才培养模式。李岩松（2019）探讨了新时代外语学科发展的一个核心定位、两个原则和三个维度，来促进一流外语学科的发展。王雪梅（2019）分析了新时代一流外语学科的内涵，探讨了外语学科建设的原则，并结合相关院校的案例讨论外语学科建设的路径。李维屏、王雪梅（2019）梳理了“联盟”建立后外语学科一系列的动作，包括学术组织的建立，学术会议的举办，学术刊物的发布。庄智象（2020）就一流外语学科和一流期刊之间的关系做出了深入探讨，指明了二者之间的关系，指出目前各外语期刊存在的问题，给出了宏观的解决方案。黄新炎（2020）对许钧教授进行了访谈，访谈提到了中国各高校外语学科的现状，人才的外引和内培，职称评审对翻译类成果的认定等问题。严明（2023）就新时代普通高校外语类一流本科专业的建设进行了若干思考，认为外语类专业人才培养的历史使命是与时俱进，建设一流外语专业应该扎实推进专业内涵建设与发展，重点是大力推进课程思政建设，路径是全方位实施外语类一流人才培养，关键是提高专业治理能力。对这一主题进行研究的还有李维屏（2019）、黄新炎（2020）等。

在课程设置方面，王雪梅、赵双花（2019）研究了QS排行榜上前100位中共建“一带一路”国家的大学中外语专业/课程的设置和培养目标情况，从中总结出了共性与个性，对我国高校外语专业建设有启示意义。同样对外语专业课程设置进行研究的还有何欣（2016）、蔡基刚（2019）、郭荣、刘涛（2019）。

在国外高校一流外语专业的研究方面，胡新云、雍涵乔（2017）对耶鲁大学东亚语言与文学和近东语言与文明两个外语专业的课程体系进行了对比研究。王平祥（2018）研究了中国双一流大学国际化评估指标体系。

其他相关研究：姜智彬（2017）对“双一流”建设中外语类高校的使命感教育进行了研究。陆小兵、王文军、钱小龙（2018）就“双一流”战略背景下我国高等教育国际化的发展进行了反思。郑新民、荆菁（2018）就“双一流”学科建设目标下提升外语学位论文撰写质量进行了研究。姜涛（2019）研究了“双一流”背景下外语专业学生语用能力的培养。

综合整理研究上述文献后，我们发现，学者就“新文科”、一流外语院校、一流外语学科和一流外语专业这些主题进行了广泛、深入、细致的研究，为推动我国“双一流”建设做出了建设性的努力。多数研究是从宏观视角进行的探讨，也有对课程建设、人才培养、学术研究等问题进行论述的，还有研究国外先进经验的，研究呈现多领域、多分支的特点。但我们也应注意到，目前缺乏对微观细分层面的研究，除英语外，其他语种相关研究还不多见。到目前为止，还没有学者对在新文科背景下如何建设阿拉伯语一流专业这一主题进行全面深入的研究，本研究或可成为在该研究领域的一个先行者。

三、研究方法

研究方法取决于研究问题的属性，本研究的开展由问题来驱动。驱动本研究的问题就是如何能够让本校的阿拉伯语专业成为一流专业。基于此问题，我们采取以下研究方法：

文献研究。对涉及外语一流学科专业建设，特别是阿拉伯语一流专业建设的相关文献做一个系统性的梳理，阅读相关文献，分析其中的内容，一方面，总结出学界对外语一流专业建设理论和实践路径的共同看法；另一方面，整理出各学者对此问题看法的差异。

比较研究。第一，对比英语等其他非阿拉伯语外语一流学科专业建设的成功之道；第二，对比已经建成阿拉伯语一流专业的其他院校的成功经验；第三，参考国外一流外语专业的情况，结合自身的条件加以对照，分析对方的成功经验。

个案研究。通过典型案例的分析，归纳其现状、存在的问题，针对这些问题提出可行的解决方案。

实证研究。通过实地调查、数据分析等方式进行。

个人经验。通过笔者本人从事阿拉伯语教学近二十年的经验和对各高校阿拉伯语专业的了解，对我国高等院校阿拉伯语专业的现状进行说明。

四、研究内容

阿拉伯语一流专业建设的理论和路径应由三部分组成。第一部分，以党中央关于高等教育的指导性文件为纲领，如习近平总书记关于高等教育、人才培养工作的系列重要论述，教育部重庆市领导在各个场合发表的关于高等教育的发言、讲话，成都宣言，新时代高教40条等。第二部分，在文献资料梳理的基础上吸收国内其他外语专业和国外高等教育建设方面的成功经验，参考世界一流大学和学科的评价体系。第三部分，结合本地区、本高校、本专业拥有的条件、优势，从而形成建设阿拉伯语一流专业理论的创新和实践的探索。这三部分形成一个有机的整体。

五、阿拉伯语专业

许钧认为我国的外语学科所在的大学可以分为三类：第一类是以文科为基础的综合性大学，如北京大学，其外语学科优势非常明显，但也需要持续努力、拓展。第二类是以国家需求为导向的外国语大学，如北京外国语大学、上海外国语大学，其师资规模、学生人数相比第一类大学的外语学科有巨大优势，尤其体现在对接国家战略需求、主动服务于“一带一路”倡议、从事国别研究等方面。第三类是以工科为基础后起的综合性大学，外语学科目前在学术国际化方面发展势头强劲。这类学校注重学科交叉，方向明确，重点突破。①

四川外国语大学属于第二类院校，在外语学科上有一定优势，但没有北京外国语大学、上海外国语大学优势那么明显。北京外国语大学和上海外国语大学无疑为我们提供了成功的经验，这两所院校也都有阿拉伯语专业，他们的发展经验是我们可以借鉴的。

我国阿拉伯语专业的发展经历了三个阶段：第一，起始阶段。这一阶段阿拉伯语专业在部分高校成立，它们被称为“老八校”，分别是北京大学、北京对外贸易学院、伊斯兰教经学院、上海外国语学院、北京外国语学院（其阿拉伯语专业由外交学院并来）、北京语言学院、北京第二外国语学院、中国人民解放军外国语学院（现为国防科技大学外国语学院）。第二，上升阶段。这一阶段指21世纪以来，全国又有十多所高校开设阿拉伯语专业，其中有天津外国语大学、黑龙江大学、西安外国语大学、大连外国语大学、四川外国语大学、广东外语外贸大学、中山大学等。第三，蓬勃发展阶段。这一阶段指2013年后，更多的院校开办了阿拉伯语专业，目前达到了50所左右。

专业是人才培养的基本单元，是建设高水平本科教育、培养一流人才的

---

①黄新炎、许钧：《建设一流学科需要处理好四个关系——许钧教授访谈录》，《天津外国语大学学报》，2020年第1期，第147–148页。

"四梁八柱"。在《教育大辞典》中,"专业"被解释为在中国、苏联等国家高等学校培养学生的专门领域;阿拉伯语中对应的词为"تخصّص",意为精通某专门领域之知识、技术;也相当于美国教育中的主修课程(major)和《国际教育标准分类》中的课程计划(program)。[①]按照《现代汉语词典(修订本)》的定义:"专业"是指"高等学校中根据科学分工或生产部门的分工把学业分成的门类"[②]。周川(1992)认为,专业是由确定的培养目标、课程体系以及通过教学活动联系起来的教育者、学习者共同构成的基本教育单位。张德祥(2016)认为,专业建设的要素主要是培养目标、教学大纲、教学计划、课程、教材、实践环节、培养模式等。何欣(2016)认为,专业是经济社会发展需求和人才培养相结合的产物,是为满足社会行业或职业需要而设置的。王雪梅、赵双花(2019)认为,专业更关注人才培养和质量提升,多以专业标准、培养方案体现其侧重点。

外语专业的全称是"外国语言文学类专业"。《外国语言文学类教学质量国家标准》(简称《国标》)规定,外语类专业涵盖英语、俄语、德语、法语、西班牙语、日语、阿拉伯语等68种外国语言,学科基础包括外国语言学、外国文学、翻译学、国别与区域研究、比较文学与跨文化研究,人才培养目标是"具有良好的综合素质、扎实的外语基本功和专业知识与能力,掌握相关专业知识,适应我国对外交流、国家与地方经济社会发展、各类涉外行业、外语教育与学术研究需要的各外语语种专业人才和复合型外语人才"。

阿拉伯语是阿拉伯国家3亿人口的官方语言,是世界上10亿穆斯林的宗教语言,也是联合国6种工作语言之一。不管在国际上还是在国内,阿拉伯语都有着非常重要的地位。正如张天伟(2017)所说,从我国外语语种布局来看,联合国6种工作语言以及我国周边与陆地相邻的14国语言属于长期需求与储备语言。

---

①杨兴林:《关于"双一流"建设的三个重要问题思考》,《江苏高教》,2016年第2期,第43页。

②中国社会科学院语言研究所词典编辑室:《现代汉语词典(修订本)》,商务印书馆,1996年。

自2019年以来，我国已经认定了两批一流本科专业建设点。其中，外语类国家级一流专业建设点有359个，占总数的4.47%；外语类省级一流专业建设点有348个，占总数的4.03%。[①]

四川外国语大学作为一所应用研究型大学，正结合自身的办学特色努力建设一流专业。阿拉伯语专业的人才培养、科研实践首先要为重庆市这一中国西部内陆地区开放高地服务，成为重庆市政府在应对中东、阿拉伯、伊斯兰事务时的智库。在此基础上为全中国相关领域输送一流人才，为建设“一带一路”、全球治理等全球战略提供有价值的意见参考。

我国外语院校的专家学者在2018年提出了六个“一流”的发展目标：一流大学、一流学科、一流本科、一流专业、一流人才和一流教师。一流大学为目标，一流学科为条件，一流本科为根本，一流专业为基础，一流人才为核心，一流教师为关键。[②]

在下文的论述中，除一流大学外，其他五个“一流”我们均有涉及，除此之外，我们认为一流科研实践也是非常重要的，所以我们下面将围绕着一流教师、一流人才、一流科研实践这三者的关系来论述一流专业的建设。之所以选择这三者来讨论一流专业的建设，是因为它们是评判一流专业的重要指标。有些学者认为一流专业只讨论人才培养，但我们认为阿拉伯语一流专业不光要重视人才培养，还应该与师资建设和科研实践有机地结合起来。总而言之，阿拉伯语一流专业有三大要素：一流的教师队伍、一流的人才培养、一流的科研实践。

---

①吴岩：《抓好教学“新基建”培养高质量外语人才》，《外语教育研究前沿》，2021年第2期，第5页。

②孙钦美、赵双花：《构建新时代高校外语学科协同发展“共同体”——一流外国语言文学学科建设与发展高峰论坛述评》，《外语界》，2018年第2期，第78页。

第二章　一流教师队伍的构建与发展

一、教师队伍在专业建设中的枢纽作用

如何体现专业的一流？第一，培养一流的毕业生；第二，拥有一流的科研实践水平；第三，拥有一流的教师。这三者当中，一流的教师又是三者的关键，因为一流的毕业生需要一流的教师去培养。要培养出一流的毕业生，除了教师的教导外，学生本身的素质也非常重要，“一流学生趋向一流大学，归根到底还是趋向一流教师。”①从对国外一流大学，如东京大学、新加坡国立大学的分析中，我们可以看到，一所大学成为世界一流大学的关键在于拥有一支国际化的高水平师资队伍。②除此之外，还需要学校硬件、资源等其他因素支持，但教师是其中的关键因素。“外语学科建设的关键是师资队伍建设。”③在学生眼中，老师是“吐辞为经、举足为法”，一言一行都给学生带来极大影响。“中国的教育质量需要大幅度提升，这是社会共识，而决定教育质量的关键在于教师的水平，这也是社会的共识。”④一流的科研也需要有一流的教师才能完成。一流的教师既是教书育人的一流，也是科研实践的一流，科研实践对教书育人是有促进作用的，即使达不到两方面的一流，至少也要有一方面一流，才能称得上一流教师。教师是一个枢纽，一边联系学生，一边联系科研实践。科研通过教师来影响学生，教师指导学生实践，学生通过

①王顶明：《“引育结合”联合培养高校人才》，《中国教育报》，2018年3月20日。

②王宝玺、于晴：《亚洲世界一流大学建设的特点及启示——以东京大学、新加坡国立大学和香港科技大学为例》，《高校教育管理》，2018年第6期，第61页。

③孙钦美、赵双花：《构建新时代高校外语学科协同发展“共同体”——一流外国语言文学学科建设与发展高峰论坛述评》，《外语界》，2018年第2期，第75页。

④张学新：《对分课堂：中国教育的新智慧》，科学出版社，2017年，第55页。

教师了解这一领域最新的研究成果，所以说教师是这三者的关键。有了一流的教师，既可以做出一流的科研成果，又可以教出一流的人才。所以，习近平总书记在全国教育大会上指出："教师是人类灵魂的工程师，是人类文明的传承者，承载着传播知识、传播思想、传播真理，塑造灵魂、塑造生命、塑造新人的时代重任。"

二、新时代对一流教师的要求

习近平总书记在2014年9月9日北京师范大学师生代表座谈会上谈到，国家繁荣、民族振兴、教育发展，需要我们大力培养造就一支师德高尚、业务精湛、结构合理、充满活力的高素质专业化教师队伍，需要涌现一大批好老师。做好老师，要有理想信念、有道德情操、有扎实学识、有仁爱之心。

"《关于全面深化新时代教师队伍建设改革的意见》《中国教育现代化2035》等重要文件和纲领的颁布体现了国家在顶层设计层面对教师队伍建设的充分重视与支持。新文科建设主要赋予高校外语教师理念和方法的创新者、跨学科知识能力的培养者和研究者、外语学科人文性发展的促进者、中国文化传播者的专业身份时代内涵。外语教师的专业身份描述涵盖国家外语类专业教学相关标准对教师素质的要求，呈现出理智取向、实践—反思取向、生态取向的阶段特征和旁观者、独行者、成长者的类型特征。"①

三、一流教师队伍的组成

对高校教师的分类，较具代表性的理论是"教师专业身份建构四象限"，该研究认为教师分为四类：主动发展型、被动参与型、自我享受型和基本生

①马洁，任学柱：《新文科建设中高校外语教师专业身份建构研究》，《外语界》，2023年第5期，第73页。

存型。[①]其中主动发展型的教师最具有成为一流教师的潜质。

在一流专业建设过程中，一流教师队伍的建设是关键的组成部分，要建设政治素质过硬、业务能力精湛、育人水平高超的高素质教师队伍。一流教师队伍中的教师应该由两种教师组成：一种是业已成为一流教师的人；另一种是具有成为一流教师潜力的人。这两类教师都要有理想信念、道德情操、仁爱之心。这些素质应随教师年纪的增长越来越坚固、牢固、深化。理想信念的核心内容就是坚定信仰社会主义核心价值观，坚持言传和身教相统一，不光自己信仰，还要教导学生信仰。道德情操就是师德师风，这是评价教师素质的第一标准，是每一所学校常抓不懈的工作，其中就包括坚持学术自由和学术规范相统一，要有淡泊名利的坚定。仁爱之心就是老师要执着于教书育人，有热爱教育的定力，坚持教书和育人相统一，不光要传授知识，还要关心学生，培养他们成为社会主义的接班人。扎实学识要求教师坚持潜心问道和关注社会相统一，不能两耳不闻窗外事，一心只读圣贤书。读书的目的是要将其运用到实践中解决现实问题，所以关注社会也是不可缺少的，要将理论和实际结合起来。学识需要积累，要求教师有持续学习研究的能力，这种特点也是为了适应我国努力要在未来建成的“人人皆学、处处能学、时时可学”的学习型社会。只有具备了理想信念、道德情操、仁爱之心、扎实学识，才能成为未来的一流教师，满足一流专业教学、科研的要求。

四、阿拉伯语专业教师队伍现状和问题

1. 现有教师队伍的学历和职称有待提高

我国各高校阿拉伯语专业教师队伍的学历和职称还有待提高。老牌阿拉伯语专业开设时间长，但是随着大批老专家的退休，一定程度上也呈现出青

①马洁，任学柱：《新文科建设中高校外语教师专业身份建构研究》,《外语界》，2023年第5期，第75页。

黄不接的情况，教授、博士生导师数量下降。新办专业由于资历浅、年头短，教师队伍中更是缺少甚至没有高级职称的教师。

2. 博士毕业生人数满足不了专业招聘需求

现阶段我国开设阿拉伯语专业的高校都在加大引进博士和高级职称人才的力度。一些新开设阿拉伯语专业的高校，如南开大学，都将教师入职门槛设定在了拥有博士学位或高级职称；一些开设阿拉伯语专业十年左右的高校也将入职门槛提高。国内具有阿拉伯语博士培养资格的高校有8所左右，主要集中在北京大学、北京外国语大学、北京语言大学、北京第二外国语学院、对外经济贸易大学、上海外国语大学、中山大学、四川外国语大学。这些高校阿拉伯语专业的博士生导师总数大约是14人。每年入学的博士生在28人左右。这些博士生有的本身已有工作，毕业后要回原单位；有的是有博士点的学校自己培养的人才，毕业后要留校；有的毕业后未必当老师。我国现有的阿拉伯语专业高校有50所左右，如果每所高校都要招聘1个具有博士学位的教师，每年就会有50个左右的职位，但实际情况是有些高校希望1年招聘2个教师，但多年未能找到合适人选。显然，阿拉伯语专业的教师需求和每年博士的毕业生数量之间有着一定的差距。国内院校毕业的博士无法满足这一市场的需求，所以近些年来很多海外高校毕业的阿拉伯语博士到高校就业，一定程度上缓解了一些高校的需求。但总体来看，具有博士学位的阿拉伯语教师供不应求的现象还会持续一段时间，尤其对非一流大学、非一流外语学科、待遇不高的阿拉伯语专业来说，如何引进高学历师资将是一道难题。

五、组建一流教师队伍的建议

1. 双管齐下

如何才能拥有一流教师？一方面，外语类高校要通过“栽好梧桐树，引得凤凰来”的自信和吸引力吸引一流人才。另一方面，需要“眼睛向内，练好内功”，激发内在动力、发挥区域优势、办出特色办出水平，耐心培养未来的一流人才。尤其是西部和东北地区的高校，他们在外语学科优秀人才引进方面面临更大难题，所以这些地区的高校更有必要重视发掘内部的潜力股。通过一流教师来组建一流的教研团队。总而言之，“师资队伍建设应做到引进与培养并举。”①内培和外引做得好不好，看两点：一看学科有没有延续性，二看有没有引领效应。②延续性就是要保证学科专业的可持续发展，引领效应就是要能带动整个团队、学科专业的发展。可以选派部分教师去国内外知名大学的相关学科系部进修、访学，在国家、社会对跨学科交叉融合需求加大的背景下，“可鼓励部分优秀教师跨专业攻读博士学位，特别是国际关系、世界史等涉外专业的博士学位。同时引进合适的师资力量，可以引进那些在国外获得博士学位的相关社会科学类优秀人才。他们大多具有较强的外语能力与国际化的学术视野，跨文化、跨地域的学习与生活经历是他们独特的优势。在引进国内师资时，须强调其教育背景多元化。可以引进那些本科或硕士阶段为外语专业、博士阶段为相关社会科学学科的博士。”③

2. 语言群式发展

“专业群与国别区域导向对我国高校外语人才培养具有参考价值。”④在引进和培养阿拉伯语人才的同时，应该考虑语言谱系等因素，建立中东学院，增设波斯语、土耳其语、希伯来语，形成一个中东语言专业群。中东不光有阿拉伯人，还有伊朗人、土耳其人、以色列人，且他们在中东都扮演着非常

---

①王顶明：《“引育结合”联合培养高校人才》，《中国教育报》，2018年3月20日。

②黄新炎、许钧：《建设一流学科需要处理好四个关系——许钧教授访谈录》，《天津外国语大学学报》，2020年第1期，第150-151页。

③杨庆龙：《当前外语学科下国别与区域研究面临的问题及其对策》，《外语教学理论与实践》，2023年第3期，第30页。

④王雪梅、赵双花：《“一带一路”沿线一流高校外语专业/课程设置研究》，《外语界》，2019年第6期，第59页。

重要的角色，伊朗核问题、什叶派和逊尼派的问题、叙利亚问题、库尔德问题、巴以问题等，这些问题背后都有非阿拉伯人的因素在起着至关重要的作用，所以研究中东只会阿拉伯语是不够的。在中东，阿拉伯语就像是海，波斯语、土耳其语、希伯来语就像是大海中的大陆和岛屿，阿拉伯语将其他语言分割开来，同时又联系着它们。阿拉伯语在国内高校开办的时间长于其他中东语种，专业数目、毕业人数、科研成果、社会服务等均处于领先地位。北京第二外国语学院和北京语言大学的阿拉伯语专业已经发展为中东学院，下设阿拉伯语、波斯语、土耳其语、希伯来语等语种专业，上海外国语大学的东方语学院除了阿拉伯语专业外，也有波斯语等中东语种专业，这几所高校在语言群式发展方面走在了前面。

3. 利用有利政策形成跨越式发展

某些地区的职称评审有绿色通道政策，可以利用这一有利政策大力引进海外留学、工作人员，大力推动本校青年教师到海外留学、借调工作，以此来满足绿色通道之条件，通过绿色通道快速评上高级职称，形成教师队伍建设的跨越式发展。近些年，国家和地方对高校经济上的扶持力度加大，利用这一良好契机，通过提供优厚的安家费、科研经费、配偶工作安置等配套政策，大力引进高层次人才。随着近年高级职称人才流动日益常态化，以优厚的薪酬待遇和科研硬条件吸引外校专家学者来本校工作也是快速完善教师队伍建设的方式之一。

4. 尽快形成自己的培养体系和造血能力

各高校加快对硕士生导师、博士生导师的培养，尽快形成本科、硕士、博士这一完善的培养体系，使自身具有源源不断的造血能力。如果暂时没有博士培养能力，要联系海外博士点长期合作来完善这一体系。

第三章　阿拉伯语一流人才的培养体系

“专业是人才培养的基本单元、课程是人才培养的核心要素、教材是人才培养的主要剧本、技术是学习革命的关键突破。”[①]“在新时代对外语人才培养质量要求不断提高的背景下，外语类专业要始终坚持‘学生中心、产出导向、持续改进’的专业认证理念。”[②]“全国高等外语教育工作者要把握高等教育发展大势，加快推进新文科建设，抓好专业质量、课程质量、教材质量、技术水平四项教学‘新基建’，促进高质量外语人才培养和教育教学发展。”[③]“培养人”是大学职能的根本任务。高校都在调整思路，把人才培养的质量和效果作为检验一切工作的根本标准。教学、科研都要积极服务于这个中心、这个根本。只有培养出一流人才的专业，才能够成为世界一流专业。所以说“一流人才为核心”。[④]

何为一流的人才？首先，他必须是社会主义建设者和接班人，品德是他的根本。他的思想水平高，政治觉悟高，道德品质高，文化素养高，能够明大德、守功德、严私德。他要爱国、励志、求真、力行。

其次，他应具有批判性思维、创造性思维、沟通能力、合作能力等核心素养。其中创新能力又是重中之重，是我国科技发展、经济增长、解决各种社会问题所急需的能力。

再次，他是高水平人才培养体系培养出来的人才。高水平人才培养体系包括人才培养方案、课程设置、教学理论和方法、教材编写和使用四个子体

①吴岩：《抓好教学“新基建”培养高质量外语人才》，《外语教育研究前沿》，2021年第2期，第5页。

②严明：《新时代普通高校外语类一流本科专业建设的若干思考》，《外语学刊》，2023年第1期，第86页。

③吴岩：《抓好教学“新基建”培养高质量外语人才》，《外语教育研究前沿》，2021年第2期，第5页。

④孙钦美、赵双花：《构建新时代高校外语学科协同发展“共同体”——一流外国语言文学学科建设与发展高峰论坛述评》，《外语界》，2018年第2期，第78页。

系。人才培养体系是上位的，四个子体系是下位的支持支撑，都要服务于人才培养体系。如图1所示。

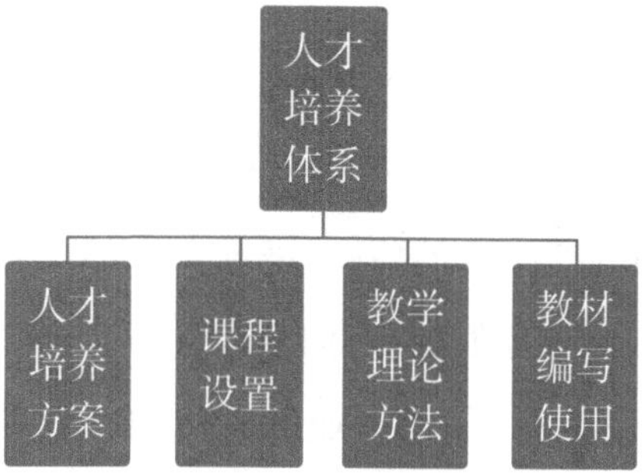

图1　人才培养体系

一、人才培养目标与方案

人才培养方案是一个专业培养人的纲领。“人才培养方案是高校专业建设的核心内容，它不仅是专业开办和教学运行的重要文件依据，也是人才培养和质量提升的根本保证举措。”①

各高校阿拉伯语专业的人才培养方案的表述都有所不同，但万变不离其宗，这个“宗”就是《高等学校阿拉伯语专业本科教学质量国家标准》(下文称《标准》)。《标准》的培养目标说：“阿拉伯语专业旨在培养具有国际视野和人文素养，掌握阿拉伯语语言文学和相关文化知识，具备语言运用能力、跨文化交际能力、思辨与创新能力、国情研判能力，能从事翻译、管理、教育以及涉外工作并具有一定研究能力的国际化、多元化阿拉伯语人才。”下面我们来看一下全国各高校阿拉伯语专业人才培养方案现状和特色。

北京大学是我国最早开设阿拉伯语专业的高等院校，专业建于1946年，创建了中国现代阿拉伯语教学体系，培养具有高素质的精英型人才。

①郑继兵、王邵峰：《从人才培养方案透视高校专业建设的困境及出路》,《江苏高教》，2013年第1期，第45页。

北京外国语大学的阿拉伯语专业历史悠久，底蕴深厚。阿拉伯语语言文学学科是北京市优秀重点学科。其人才培养目标是能从事外交、外贸、国际文化交流、涉外企业管理、新闻、出版、外语教学和外国问题研究等工作的德才兼备的应用型专门人才。简言之，其目标是培养精英人才。他们认为“学生大学期间的专业学习不应成为学生的目的，而应是他们的一个重要成长过程，通过外语专业及相关知识的学习，培养学生的学习能力、社交能力、应变能力、合作精神等，提升他们的整体素质”。①

上海外国语大学开设阿拉伯语专业的年代也很早。他们的侧重点是培养具有国际视野、创新精神、外语特长的高端特色人才，其特色是“阿拉伯+英语”等复语型、复合型培养模式。

北京第二外国语学院人才培养的特色是培养“准精英型”人才。他们认为目前面向高层次就业岗位的“准精英型”人才供给能力不足，他们所定义的“准精英”实际上就是未来的精英，“准精英”以进入高层次工作岗位为标志，如中央机关、国家机关、社会团体、国有企事业单位及其他吸收应届毕业生为正式编制人员的工作岗位。他们强调“专业技能”和“素质”的平衡。培养主要通过“常态化提高”和“模拟化拓展”来实现。“常态化提高”目的是保证外语水平，包括导师制、知识学习、技能训练，尤其是翻译技能。“模拟化拓展”的目的是提高人才的综合素质，通过高端平台、部委遴选、大赛选拔、实习实践来实现。②如果说北京外国语大学是培养“精英”，那么北京第二外国语学院则将自己定位于培养“准精英”。

广东外语外贸大学旨在培养胜任外交、外经贸、国际文化和科技交流、教育、信息产业、国际旅游等领域工作的复合型国际通用人才。其特色是“阿拉伯语专业+经贸”的人才培养模式。

①叶良英:《兴趣、基础与能力并举——对阿语一年级精读教学的一点体会》,《当代阿拉伯研究 阿拉伯语语言文学学科发展与课程建设专辑》，刘欣路、吴晏雁主编，北京师范大学出版社，2018年，第94页。

②侯宇翔:《“准精英型”阿拉伯语专业人才培养及其微观路径》,《当代阿拉伯研究 阿拉伯语语言文学学科发展与课程建设专辑》，刘欣路、吴晏雁主编，北京师范大学出版社，2018年，第76-84页。

“大连外国语大学阿拉伯语专业人才培养模式创新，以国际化和实习实践教学为特色，努力构建‘知识、能力、素质’三位一体的阿拉伯语人才培养体系。”[①]其人才培养理念是打好基础、注重实践、全面发展、突出特色。专业培养的人才有三个特点：应用型、复合型、国际化，有四大能力：坚实的阿拉伯语言基础、合理的知识结构、较强的综合素质、较强的创新能力。专业的国际化主要体现在和阿拉伯国家大学的校际交流方面，和埃及开罗大学、突尼斯迦太基大学签署交流协议，一半以上的学生能够出国学习。实习实践体现在“三外”，即“课外、校外、国外”，分三个层次“打好基础、综合运用、实践创新”。

天津外国语大学阿拉伯语专业正在朝“阿拉伯语+英语+汉语+国际经济与贸易”双学位复合型人才培养模式方向发展。

浙江工商大学阿拉伯语系根据“一带一路”倡议所需商务阿拉伯人才的特点，立足浙江、发挥浙江工商大学“大商科”优势，研究制定商务阿拉伯语人才培养方案、课程体系设置，加强校企合作机制。[②]

浙江外国语学院以培养应用型人才为主，其培养目标为具有扎实的阿拉伯语基本功、具备基本英语交际能力、具有国际化视野和创新意识、良好的跨文化交际能力和外贸活动能力的应用型商务阿拉伯语人才。他们提出了“双语+”的人才培养思路和模式。“双语”指的是一门小语种+英语，“+”指的是“+一个非外语类专业方向或一个研究方向”。在课程设置中体现英语的地位，如小语种专业开设24学分的英语专业课程。[③]

①丁杨：《阿拉伯语本科人才培养体系构建中体现的人才培养模式创新——以大连外国语大学阿拉伯语专业为例》，《当代阿拉伯研究 阿拉伯语语言文学学科发展与课程建设专辑》，刘欣路、吴晏雁主编，北京师范大学出版社，2018年，第12页。

②归帆：《商务阿拉伯语人才培养方案制定研究——以浙江工商大学阿拉伯语系为例》，《当代阿拉伯研究 阿拉伯语语言文学学科发展与课程建设专辑》，刘欣路、吴晏雁主编，北京师范大学出版社，2018年，第25页。

③曹笑笑：《应用型本科“双语+“阿拉伯语人才培养模式改革研究与实践——以浙江外国语学院为例》，《当代阿拉伯研究 阿拉伯语语言文学学科发展与课程建设专辑》，刘欣路、吴晏雁主编，北京师范大学出版社，2018年，第34-37页。

南京大学金陵学院是国内最早开办阿拉伯语专业的独立学院之一，除了国际化和课程体系改革外，其培养人才的方式特色体现在：第一，建立导师制管理体系，引导学生科学制定学业规划。第二，结合南京大学“三三制”教学改革，在教学方案中融入“双创”元素。所谓“三三制”就是学生经过“三”个阶段的培养，形成“三”条发展路径。第一阶段，本科生考进大学后进入各自院系，但是不分专业，学习通识通修课程，完成新生的适应性转变和学习型转变，为专业学习奠定基础。第二阶段，学生通过自主选课，满足某个专业的“专业准入标准”后，进入“专业培养阶段”，这个阶段为学生提供各专业最核心的学科专业课程，各院系重构专业教育知识体系，提炼课程模块，给予学生更多的自主学习时间与空间。第三阶段，多元培养阶段，进一步明确自身发展方向，学校提供针对不同发展路径的个性化课程模块。所谓的多元培养就是给学生提供“专业学术类”“交叉复合类”“就业创业类”三条发展路径。而“双创”即“大众创业、万众创新”，是时任总理于2014年9月夏季达沃斯论坛上提出的。金陵学院阿拉伯语专业围绕四个中心建立“双创”基地，即“新丝路”文化译介实训中心、“新丝路”文创产品设计中心、“新丝路”旅游文化传播中心、“新丝路”数字新媒体技术支持中心。创业和创新无疑是其人才培养特色中的最大亮点。[①]

位于福建泉州的闽南理工学院依托“一带一路”倡议，基于泉州和福建在“一带一路”尤其是“21世纪海上丝绸之路”中作为核心区域的优势，提出培养阿拉伯语商务人才的愿景，其希望构建的人才培养模式在“双标”即“国家标准”和“本校标准”的要求下，强调由“双师型”即“较高理论水平”和“较高文化素养”的教师来培养复合型人才。人才商务能力的培养通过改革教学方法和开展“校企+校际”的模式来实现。[②]

---

①崔林杰、杨希：《阿拉伯语人才培养的“人文引导”与“双创”实训基地建设》,《当代阿拉伯研究　阿拉伯语语言文学学科发展与课程建设专辑》，刘欣路、吴晏雁主编，北京师范大学出版社，2018年，第43-48页。

②周志林：《“一带一路”助力商务阿拉伯语人才的培养模式研究》,《当代阿拉伯研究 阿拉伯语语言文学学科发展与课程建设专辑》，刘欣路、吴晏雁主编，北京师范大学出版社，2018年，第57-65页。

兰州交通大学阿拉伯语系成立于2015年9月，是全国第一所也是唯一一所开办阿拉伯语本科专业的工科院校。其开办宗旨是为了响应国家建设“一带一路”的倡议，通过与国内、甘肃省内其他已开办阿拉伯语专业院校错位竞争的方式，培养出具备工科知识背景的阿拉伯语复合型人才。其宏观原则是“以学生为主体，化差异为优势”，指的是在充分研究了解个体化差异的前提下，将学生分组进行差异化教学。该校通过以下途径了解学生的差异：高考成绩数据、调查问卷、教师评估。得出的结论是学生在以下几方面存在差异：第一，语言知识技能的差异。第二，学习策略、风格的差异。第三，学习动机的差异。以高考英语成绩、班内成绩排名、动机（如态度动机、成就动机、强度刺激动机、工具动机、归附动机）等差异为标准，将学生分为A、B、C三组，从A组到C组，学习成绩从高到低，学习能力由大到小，学习动机从强到弱。每组每周正常上课之外，主要由外教再多上2节课，小组不同，内容不同。三个小组的任务、目的明确。A组的主要目的是培优，B组的主要目的是牢固基础，C组的主要任务是不掉队，争取进入B组，否则留级重修。这种差异化教学目前只在一、二年级进行，未来也有计划在高年级进行。[①]

四川外国语大学阿拉伯语专业自2006年建立和招生以来，人才培养方案每年都会进行修改，根据最新版本的人才培养方案之表述，强调对学生四大能力的培养：较强的语言应用能力、自主学习能力、工作适应能力、创新能力，目标是将学生培养为复合型、应用型人才。四川外国语大学阿拉伯语专业人才培养方案绝大部分表述和《标准》一致，但并未突出国际化与多元化，这也正是该方案亟待加强的方面。缺少专业特色、未实现学生自主选课也是需要解决的问题。[②]

---

①任宏智：《工科院校阿拉伯语专业差异化教学模式探索——兰州交通大学阿拉伯语专业为例》，《当代阿拉伯研究　阿拉伯语语言文学学科发展与课程建设专辑》，刘欣路、吴晏雁主编，北京师范大学出版社，2018年，第108–116页。

②吴昊：《阿拉伯语本科人才培养方案变化及思考》，《当代阿拉伯研究 阿拉伯语语言文学学科发展与课程建设专辑》，刘欣路、吴晏雁主编，北京师范大学出版社，2018年，第20页。

对各高校阿拉伯语专业的人才培养方案了解后，我们发现：第一，各高校人才培养的层次有区别。北京大学、北京外国语大学、北京第二外国语学院等院校阿拉伯语专业以培养精英、准精英为目标。其他新办阿拉伯语专业多是培养复合型、国际化、经贸类人才，为专门的领域培养人才，为区域性服务培养人才。第二，阿拉伯语专业都在突出自身办学的特点。有的突出双语的特色，有的突出经贸类特色，有的和本校办学特色相结合，有的偏向创业，有的强调综合人文素养……

各地方高校阿拉伯语专业未来发展的新趋势：

（1）地域性增强

例如，"浙江工商大学是浙江省政府、教育部、商务部联合共建高校，属于地方性大学，因此学校在人才培养目标的定位上必须充分考虑浙江省的特点和需要，以培养适合地方经济、科技、教育事业需要的应用型人才。"①

（2）提炼专业特色

第一，依托于学校的特色，提炼本专业特色。

浙江工商大学的特色是"大商科"，故该校阿拉伯语专业在"大商科"的基础上将培养商务阿拉伯语人才作为本专业特色。

第二，和国家政策、战略结合，提炼本专业特色。

上海外国语大学根据"一带一路"倡议、"五通"，以及自身长期扎实的教学科研积累，以阿拉伯语国别区域人才的培养为特色。

第三，培养应用型人才。

不管是四川外国语大学的阿拉伯语专业，还是浙江工商大学、浙江外国语学院的阿拉伯语专业……他们在人才培养方案中都强调自己培养应用型人才。《国家中长期教育改革和发展规划纲要》（2010—2020）指出我们缺少实用型人才，所以很多学校都在做命题作文，国家缺少什么样的人才，我们就

---

①归帆：《商务阿拉伯语人才培养方案制定研究——以浙江工商大学阿拉伯语系为例》，《当代阿拉伯研究 阿拉伯语语言文学学科发展与课程建设专辑》，刘欣路、吴晏雁主编，北京师范大学出版社，2018年，第29页。

培养什么样的人才。

第四，愿景有了，实际效果还需检验。

各院校阿拉伯语专业人才培养方案中都体现了各自的特色，如实用型、复合型人才的培养，包括国别区域人才、商务阿拉伯语人才、双语+人才……这些都是美好的愿景和目标，能否实现还要时间的检验。除此以外，“高校在制订人才培养方案时，除了考虑自己的学科优势和专业特色之外，还需要考虑所在地区市场需求、资源配置、师资力量等多种因素。在‘新文科’背景下，基于社会发展的多样需求，精心研制专业技能标准、职业素养标准，同时及时调整教研体系，打造特色鲜明、重点突出的课程模块，搭建相应的教师团队。”①

在新时代、新文科的大背景下，外语语言学科发展的大趋势是“语言群+X”这种复语型、复合型的跨专业、跨学科的国家、地方急需的国际型人才。

二、课程体系改革与创新

1. 外语课程分类与现状

1.1 课程定义

中文“课程“一词最早见于唐宋时期，指的是教学与研究的专门领域。英语的课程“curriculum”源于拉丁语“cursum”，指的是“教育内容的系统组织”。Barnett & Coate（2005）认为课程是高等教育健康有效发展的基础。Gonzalez et al.（2011）认为课程是一个宏观的概念，有产品或知识的过程性、实践性、系统性、语境化的特点。

①张生祥、杜尚睿：《社会需求导向的新文科英语师范人才核心素养及培养模式研究》，《西安外国语大学学报》，2023年第2期，第53页。

1.2 外语课程分类

按照《国标》，外语专业课程可以分为通识教育课程、专业核心课程、培养方向课程、实践教学环节、毕业论文这五大部分。阿拉伯语专业一般负责后四部分的安排和设置，在专业课程设置方面，有的院校将课程分为理论课程、实践课程、专题讲座；有的将课程分为主干课程和非主干课程，主干课程又细分为专业技能课程、专业知识课程、相关知识课程；有的分为专业必修课、专业限选课、专业任选课。

1.3 外语课程研究现状

王雪梅、赵双花（2019）认为外语专业课程是围绕外语专业的人才培养目标，基于学科知识的逻辑性、系统性而设立的课程体系。

王雪梅（2013）、史耕山和黄永新（2016）研究了现有外语专业课程设置，对美国、加拿大等发达国家外语课程设置进行了调查分析。董曼霞（2015）从生态学视角对外语专业课程设置进行了探讨。

1.4 阿拉伯语课程设置研究现状

我们梳理了近年来我国阿拉伯语界对各阿拉伯语课程的最新研究情况，体现了阿拉伯语课程研究的现状和水平。

1.4.1 语音课

陆映波研究了阿拉伯语语调教学，强调容易在阿拉伯语教学中被忽视的语调及其重要性。通过语言实例指出现代阿拉伯语的语调呈现三个规律，升调词语和降调词语交替出现，被强调的内容更倾向于以声调的形式呈现，处于平行结构的语言形式通常以相同的语调形式体现。文章还指出我国阿拉伯语语调教学所面临的问题，如教学重视度不足、语言范本不够权威、语言范本语速过快。①

① 陆映波：《浅谈阿拉伯语语调教学》，《当代阿拉伯研究阿拉伯语语言文学学科发展与课程建设专辑2》，刘欣路、吴晏雁主编，北京师范大学出版社，2019年，第26-33页。

黄婷婷用语言的迁移理论分析了重庆方言对阿拉伯语语音教学的影响。主要是从负迁移的角度，从重庆方言中既定发音习惯造成的负迁移和重庆方言对应音素缺失导致的负迁移这两方面指出阿拉伯语语音教学中出现的问题，并给出解决办法。①

1.4.2 基础阿拉伯语

张羽就基础阿拉伯语的课程教学问题进行了研究，指出了该课程现存的问题，如太注重专四考试而影响了正常教学，缺乏文化导入意识，学生容易产生厌学情绪。针对这些问题提出了相应的教学策略：（1）精读课应该与视听说课进行一体化教学。（2）教学中应该加入文化导入。（3）应该创新传统教学手段。②

1.4.3 写作课

马和斌研究了母语负迁移现象对阿拉伯语写作的影响，并给出了解决建议。中文属于分析型语言，阿拉伯语属于曲折型语言，语言规则相悖，负迁移影响母语为中文的人学习阿拉伯语。马和斌列举学生写作练习中出现的错误实证，从词汇、词组、词性、篇章结构方面说明负迁移的影响。他给出的解决母语负迁移的手段是强调目的语的输入，如加强背诵。③

马和斌利用错误分析理论研究阿拉伯语写作课中学生出现的错误。他将阿拉伯语写作课学生作业中的错误统计语内错误和语际错误的比例、分类到二者名下，并列举若干有代表性的错误实证，对实证进行分析。最后提出解决写作错误的方法和技巧，如增强基础知识训练，加强目的语的输入，为学

① 黄婷婷：《重庆方言对阿拉伯语语音的负迁移及教学对策》，《当代阿拉伯研究阿拉伯语语言文学学科发展与课程建设专辑2》，刘欣路、吴晏雁主编，北京师范大学出版社，2019年，第182–187页。

② 张羽：《浅谈<基础阿拉伯语>课程教学》，《当代阿拉伯研究阿拉伯语语言文学学科发展与课程建设专辑2》，刘欣路、吴晏雁主编，北京师范大学出版社，2019年，第99–106页。

③ 马和斌：《母语负迁移对阿拉伯语写作的影响及解决办法》，《语文学刊》，2007年第4期，第131–133页。

生指出错误症结所在，进行目的语和母语的比较。①

杨华就阿拉伯语写作教学现状与改革进行了研究。作者从课时课堂、教材资料、教师、学生这四方面展示了该门课程存在的问题。又回顾了写作课的几种教学方法，如结果教学法、过程教学法、体裁教学法、内容教学法、任务教学法，指出这几种教学法都有弊端，教师在授课过程中必须取其精华、结合学生条件综合灵活运用这几种教学方法。最后提出该课程改革的几点主张，如教师要深入学习教学大纲，加强对学生的训练；调动学生学习积极性，培养写作兴趣；更新教学理念，改进教学方法；注重写作指导与作文评阅方法。②

杨华就阿拉伯语阅读和写作的关系做了研究。阅读属于语言的输入，写作属于语言的输出，虽然作者在文中没有引用语言输入和输出的理论，但是全文都在讨论阅读如何才能和写作有效地衔接起来，让二者不脱节，用阅读来促进写作水平的提高。作者提出要通过更新课程设置，探索教学方法，改进教学思路，鼓励深层阅读来实现。③

汪珏就项目导向型教学法在阿拉伯语经贸应用文写作课中的运用进行了研究。作者利用建构主义教学理论基础上的项目导向型教学法为指导。指出了该课程中存在的问题并分析其原因，如学生阿拉伯语语言能力的欠缺；学生在教学中主体地位不突出；经贸基础课程体系不完善。提出将项目导向型教学法运用到该课程中需要经过准备、实施、评价三个阶段。④

龙翔就大二阿拉伯语写作课的设计进行了研究。作者在文中将自己在扬州大学教授写作课的经验进行了分享，将一些具体做法、细节公布。作者课程设计的主要理论依据是语言的输入输出理论和艾宾浩斯遗忘曲线。课程设

①马和斌：《零起点阿拉伯语专业学生常见写作错误分析》，《甘肃联合大学学报（社会科学版）》，2008年第5期，第115–119页。

②杨华：《高校阿拉伯语写作教学现状研究与改革探索》，《佳木斯教育学院学报》，2013年第10期，第369–370页。

③杨华：《浅谈阿拉伯语教学中的阅读与写作》，《教育界》，2015年第7期，第131、144页。

④汪珏：《项目导向型”教学法在阿拉伯语经贸应用文写作课程中的运用》，《开封教育学院学报》，2015年第7期，第92、95页。

计的主要特点是突出平时成绩，平时成绩占总成绩的60%，期末成绩40%；强调教师要指出学生作文中的错误，督促学生更正，学生在以后的写作中这种错误就会呈现下降的趋势，作者用学生作文中错误数的实证数据曲线证明了这一点；作者对学生在写作过程中使用歌木斯电子词典持否定态度，认为使用歌木斯偷懒、不利于学生掌握阿拉伯语单词的派生系统，对学生使用歌木斯查词并使用查到的生词设置了较高的门槛。最后作者对课程设计进行了反思，指出了存在的一些不足，提出了改进方案。①

马和斌就阿拉伯语写作课语言信息输出进行了研究。作者利用语言输出理论作为指导，从词语拼写、词语搭配、句子输入、句子衔接、段落间逻辑关系这几方面，列举了学生在实际操练中出现的错误，最后作者提出了对阿拉伯语写作课的反思，如以教学为中心，教师引导，学生主动；以问题为导向，互动与反馈交叉进行；更新教学理念，反思教学模式；加强目标与思维的语言应用效果。②

根据上述对阿拉伯语写作课的研究，第一，从研究理论来看，作者们采用了以下的理论作为指导：母语迁移理论、错误分析理论、语言输入输出理论、结构主义教学理论。这些理论都是欧美等西方国家最先提出来的，由我国英语学界引入国内并加以扩展，阿拉伯语学习英语的先进经验，将我国英语教学的成功经验运用在阿拉伯语教学上。第二，从研究内容来看，绝大多数的研究集中在写作这个大的主题上，少数聚焦在写作的细分环节上，如经贸应用文的写作。研究都发现了写作课所存在的问题，也都给出了自己的建议或解决方法，有些研究通过数据证明了方法是有效的，有些只是给出了宏观的建议，是否有效还不得而知。第三，从研究方法来看，很多研究都采取实证、数据的方式，列举学生在写作中出现的错误实例。

---

①龙翔：《大二阿拉伯语写作课设计探究——以扬州大学2014级大二上学期写作课为例》,《科教文汇》2016年第6期，第52-53页。

②马和斌：《阿拉伯语写作课程语言信息输出研究》,《当代阿拉伯研究 阿拉伯语语言文学学科发展与课程建设专辑》，刘欣路、吴晏雁主编，北京师范大学出版社，2018年，第153-168页。

1.4.4 口语课

马文娟就项目教学法与阿拉伯语口语教学改革进行了研究。作者认为外教在口语教学中的潜力没有被发掘出来，根据自己和外教合作教学的经验提出中外教师联合教学的优点，通过实例展示项目教学法在口语教学中的应用。①

崔泽研究了交际法在阿拉伯语口语教学中的应用。作者强调口语课堂要以学生为中心，以交际为核心，不影响交际的语言错误就不要纠正。作者认为口语课目前存在的问题有：（1）受课本约束。（2）内容形式单一。（3）材料话题陈旧。（4）和真实的阿拉伯语口语差别大。（5）缺少练习机会和环境。针对这些问题，作者提出的策略是：（1）采用多种教学手段。（2）以学生为中心，学以致用。（3）创造接近真实的交际场景。②

1.4.5 听力课

郑明纯就阿拉伯语基础听力教材编写进行了研究。作者认为应该以“输入假说”“互动假说”和“输出假说”等二语习得原则为教材编写的理论依据，强调围绕“三阶段”即听前输入准备阶段、听力理解阶段、听后巩固阶段来编写教材。③

1.4.6 视听说课

刘冰洁就阿拉伯语初级视听说课程教学的难点与对策进行了研究。作者结合自己的教学经验，对二年级该课程存在的教学难点和教学策略进行了探讨。④

①马文娟：《项目教学法与阿拉伯语口语教学改革》，《传播与版权》，2016年第12期，第128–129、135页。

②崔泽：《交际法在阿拉伯语口语教学中的应用——以川外成都学院为例》，《当代阿拉伯研究 阿拉伯语语言文学学科发展与课程建设专辑2》，刘欣路、吴晏雁主编，北京师范大学出版社，2019年，第107–115页。

③郑明纯：《阿拉伯语基础听力教材编写实践与探索》，《当代阿拉伯研究 阿拉伯语语言文学学科发展与课程建设专辑2》，刘欣路、吴晏雁主编，北京师范大学出版社，2019年，第188–197页。

④刘冰洁：《阿拉伯语初级视听说课程教学的难点与对策》，《当代阿拉伯研究 阿拉伯语语言文学学科发展与课程建设专辑2》，刘欣路、吴晏雁主编，北京师范大学出版社，2019年，第116–123页。

1.4.7 翻译课

劳凌玲就模因论在阿拉伯语笔译中的应用进行过探讨，强调阿语本科高年级笔译课在翻译材料内容的选择上要新颖、有时效性，避免题材的单一，以此来激发学生学习的兴趣和主观能动性；注意精讲、精练，要求学生背诵名家译文和精彩阿拉伯语文章；阿译汉时应直译，应符合汉语表达习惯，汉译阿注重文体流畅，减少语法错误，符合阿拉伯语表达习惯；注意文化导入在笔译课中的作用。①

魏启荣就顺句驱动原则下阿汉传译断句与衔接技巧进行了研究。作者指出在阿汉同传口译中，译者根据阿拉伯语的输入顺序译出汉语，虽然在重心上有所转移，但通过弥补是可以实现整篇译文意思的传递不变样。作者通过自身实战经验和大量例句来说明如何进行断句和衔接。②

1.4.8 阅读课

肖玲就认知理论下基础阿拉伯语阅读训练策略进行了研究。作者以认知心理学和认知语言学为指导，分析了基础阶段阿拉伯语学习者主要的阅读困难，其困难主要有：（1）词汇量不大。（2）背景知识少。（3）理解不通畅。（4）阅读速度不快。针对这些问题，作者提出了下面的解决策略：（1）在上下文中学习词汇，避免孤立地词汇学习。（2）避免将阅读课上成分析语法课。（3）阅读应该倾向自上而下的阅读，同时注意吸收运用自下而上、自上而下、相互作用这三种阅读模型的优点。③这一研究为阿拉伯语阅读课提供了较为明确的操作方式，很有指导意义。

---

①劳凌玲：《翻译模因论在阿拉伯语笔译教学中的应用》，《当代阿拉伯研究 阿拉伯语语言文学学科发展与课程建设专辑2》，刘欣路、吴晏雁主编，北京师范大学出版社，2019年，第35–39页。

②魏启荣：《顺句驱动原则下阿汉传译断句与衔接技巧研究》，《当代阿拉伯研究 阿拉伯语语言文学学科发展与课程建设专辑2》，刘欣路、吴晏雁主编，北京师范大学出版社，2019年，第148–155页。

③肖凌：《认知理论下基础阿拉伯语阅读训练策略研究》，《北京第二外国语学院学报》，2012年第4期，第44、64–68页。

韩博就核心素养视角下的阿拉伯语阅读课教学模式进行了研究。作者认为阿拉伯语学生的专业核心素养主要包括四个方面：（1）语言能力，指掌握语言知识和语言技能并进行人际交往和交流。（2）学习能力，指在不同的情势下运用不同的学习策略，将技能转变为能力。（3）思维品质，指分析、概括、比较、创新等思维活动，适应信息时代和知识社会的需要，运用创造性思维来解决复杂问题。（4）文化意识，指通过学习而形成文化理解，使学生具有人文底蕴和科学精神。作者还介绍了阿拉伯语阅读课的三种教学模式：（1）内容依托式阅读教学。（2）文化导入式阅读教学。（3）基于图式理论的阅读教学。[①]至于三种教学方法的优劣，哪种更适合阿拉伯语阅读教学，作者并没有提到。

1.4.9 阿拉伯社会与文化课

朵宸颉指出，在阿拉伯概况、阿拉伯伊斯兰文化等课程中，可以通过“文化导入—文化对比—文化体验”的模式将日常教学与学生跨文化意识培养相结合。[②]

郭�研究了自主教学和翻转课堂和该课程的结合。指出该课程课时量少、教材单一、教学方法枯燥。使用翻转课堂后，充分利用课下时间，以学生为主体，学生做足准备，充分参与课堂，充分培养学生的跨文化交际能力。[③]

康雨莎研究了该课程的课堂审美学习体验。提出要将授课话题具体化，授课材料感性化，授课形式多样化的建议。[④]

---

①韩博：《核心素养视角下的阿拉伯语阅读课教学模式探索》，《当代阿拉伯研究 阿拉伯语语言文学学科发展与课程建设专辑2》，刘欣路、吴晏雁主编，北京师范大学出版社，2019年，第74–79页。

②朵宸颉：《阿拉伯语基础教学中学生跨文化意识的培养》，《才智》，2014年第30期，第225–226页。

③郭筠：《基于自主教学的“阿拉伯社会与文化”翻转课堂教学模式研究》，《科教导刊（中旬刊）》，2017年第9期，第106–108页。

④康雨莎：《“阿拉伯社会与文化”课堂审美学习体验的探索》，《当代阿拉伯研究 阿拉伯语语言文学学科发展与课程建设专辑2》，刘欣路、吴晏雁主编，北京师范大学出版社，2019年，第124–129页。

1.5 存在的问题

1.5.1 课程设置缺少多样化和个性化

根据美国课程理论学家拉尔夫·泰勒的三原则，课程设置第一要遵从学科专家的意见，第二应反映学生的需求，第三要根据社会生活的需要。阿拉伯语专业普遍做到了第一条，老牌阿拉伯语专业的课程设置是长期总结学生和社会生活需求的情况下制定的，已经成为了专家的意见，新办阿拉伯语专业的课程设置模仿老牌阿拉伯语专业。但这种整齐划一的模式也带来了单一性的问题，今天的社会生活越来越多样化，学生越来越个性化，相应地，教育要做到个性化、多样化，“要清醒看到，人民群众总体受教育机会大幅提升，但个性化、多样化需求仍未有效满足。”①Bolstad（2012）指出，个性化学习是“机会均等”这一传统社会目标在21世纪的有效实现，学生对自己的学习享有真正的选择权。Rouhiainen（2019）指出，个性化学习就是根据学生的能力和需求来量身定制教育路径。我们要在第一条的基础上下大力气做好第二、三条，根据学生需求和社会生活发展的要求对课程设置进行调整，处理好三条原则之间的关系。

1.5.2 课程改革研究缺少重量级成果

结合近年来阿拉伯语界关于各种课程教学研究的现状来看，阿拉伯语专业开设的绝大部分课程都有学者对其进行研究，但也有少数课程“无人问津”。课程研究的质量有待提高，研究深度有待加强，各课程研究都是以学术论文的形式发表，多发表在阿拉伯语专业的论文集中，或省级、国家级各类期刊中，极少数发表在本科院校学报上，没有发表在外语类核心期刊、北京大学核心期刊、南京大学核心期刊上的论文。论文研究都是指出该门课程存在的问题，然后提出解决的设想和方案，所借助的理论都是西方的教学理论。

①陈宝生：《在全国教育工作会议上的讲话》，《中国高等教育》，2018年5月，第9页。

2. 国内外高校课程设置经验

2.1 国外一流大学阿拉伯语专业情况

耶鲁大学的近东语言与文明专业在注重语言知识学习的基础上，更强调学习阿拉伯地区的伊斯兰文化，课程涉猎范围极广，旨在培养掌握阿拉伯语及文化的优秀人才。其语言课程包括现代标准阿拉伯语、古典阿拉伯语、阿拉伯语研讨、黎凡特阿拉伯语、阅读等。文化课程包括阿拉伯与伊斯兰研究、现代阿拉伯文学作品中的政治与美学等。学生可选择的主修方向有美索不达米亚地区、埃及或叙利亚-巴勒斯坦地区、希伯来语言与文学、阿拉伯语伊斯兰研究。[①]从主修方向来看体现了国别和区域研究的特点。

还有一些海外的一流大学设有阿拉伯语专业，譬如：韩国的首尔国立大学（2020QS排名37），马来西亚的马来亚大学（2020QS排名70），

除此以外，一些海外一流大学设置了阿拉伯语课程，譬如：新加坡的南洋理工大学（2020QS排名11）、新加坡国立大学（2020QS排名11）。这两所大学的阿拉伯语主要以选修课的形式开设，培养听说读写和交际能力。新加坡国立大学的阿拉伯语选修课主要面向国别区域专业的学生，定期开展沉浸式语言项目，为选修课学生提供前往目的语国的机会。这对国内院校来说比较困难，这也从一个侧面说明我国高校海外课程设置方面还有待加强。

开设阿拉伯语课程的还有东京外国语大学（以下简称为“东外”）。东外是日本的国立大学，2012年，东外启动了外语人才培养模式的转型。基于全球化的背景和对新型外语人才的需要，学校提出了以语言文化研究和以区域国别为主的国际社会研究为学科课程的两大支柱。[②]本科生一、二年级不分学院，三、四年级分到两个学院、六个专业学习，分别是语言文化学院的语言信息专业、综合文化专业、国际交流专业；国际社会学院的地区社会专业、

①胡新云、雍涵乔：《耶鲁大学本科外语语言与文学/文明类专业课程体系研究》,《湖北函授大学学报》, 2017年第22期，第115页。

②马志强、马磊、王寰：《全球化背景下外语类高校人才培养模式研究——以东京外国语大学为例》,《外语电化教学》, 2014年第5期，第41页。

现代世界论专业、国际关系专业。这种专业划分方法不像我国现有的根据语种来划分专业。东外本科生的语言组成是日语+英语+其他外语（其他外语可自由组合选择）。东外的课程设置均为“……研究”，比如和阿拉伯相关的课程就有：亚非语言研究概论、亚非语言研究、西亚北非文化研究、中东地区研究等，学术研究氛围浓厚，而国内外语院校的课程设置学术性弱，技能性强。东外还在本科一、二年级加入了“世界通识教育课程“。东外的外语人才培养体现出个性化、以人为本的特点，注重国际视野和研究能力的培养。最后以培养“国际教养人”和“国际职业人”为目标。东外虽然是外国语大学，但却没有外语学科，和外语有关的专业都归到语言文化学科。“在日本的大学里外语学科并未形成一个独立的学科门类，而是从属于外国文学、语言学、地域研究等多元的学科领域”①，这和中国的外国语言文学学科作为一级学科的情况是截然不同的。日本大学形成这种情况的一个重要的原因是，1949年文部省大学设置委员会认为语言是学术研究的手段而不是目的。

综上所述，耶鲁大学的近东语言与文明专业从主修方向来看体现了国别和区域研究的特点。东京外国语大学培养的人才主要分为两类：语言文化方向和区域国别方向。首尔国立大学的亚洲语言与文明专业旨在培养国别区域人才。马来亚大学的亚欧语言专业培养的专门人才要具有流利的语言使用能力，掌握丰富的语言学知识，从事新闻、教学、出版等工作。

国别与区域研究是这些海外一流大学阿拉伯语相关专业的一个共同的重要特征。

2.2 国内外国语学校课程改革经验评析

上海外国语大学阿拉伯语专业在课程改革方面的经验是，在三年级和四年级的四个学期中，将20门和国别区域有关的课程融入既有的课程体系，在

① 钱昕怡：《日本高校的外语专业改革研究——以东京外国语大学外国语学部的改编为例》，《中国人民大学教育学刊》，2014年第2期，第84页。

理论上，他们将这种模式称为“短课程”概念。“将高年级部分课程（如2门）调整为短课程，即从原来的一学期（18个上课周）改为上、下两个小学期，每个小学期适配一门短课程。短课程清单包括20门左右的短课程。根据学生兴趣、形势需要、教师要求，可以从10门课程中选择8门用于正式的课堂教学，备选的2门用于课后补充素材。”①

这种课程设置有一定的好处：（1）丰富了课程形式。（2）照顾了学生的兴趣，体现了教育部对个性化教学的要求。（3）照顾了教师的科研领域，每位教师可以根据自己的科研领域开设专门课程。另一方面，这样的课程设置改革也会带来相应的问题：（1）新的课程需要教学大纲、教案、教材，需要任课教师准备，这是一个不小的工作量。（2）上、下两个小学期讲授的内容不同，是否需要两次期末考试，也就是将期中考试也变成期末考试？还是将一次期末考试分成两个部分？亦或是采取学生撰写小论文的方式作为期末考试成绩？这些都需要在实践中探索。课程设置改革在实际操作过程中还会遇到各种预料不到的问题，需要教师们的智慧和努力去解决。

除了可以将一个学期一分为二，分为上、下小学期外，还有学者主张将开课学期缩短为6学期。有的外语院校有7个开课学期，第8个学期不开课，作为毕业论文写作、参加实习找工作的时间。但实际上不管是毕业论文撰写、参加实习、面试找工作、考研，在第7个学期都已经开始了，所以学生在第7个学期面临的是上课和其他工作之间的矛盾，学生根本无法将精力集中到上课上，即使第7学期根本就没有排多少课的情况下，学生缺勤率依然很高。与其这样，不如将第7学期的课浓缩到前6个学期，将大四一整年都空出来。这样有能力的学生可以在3年内完成本科的学习，这也是和国际上先进的教育年限制度接轨，比如英国，除苏格兰外的本科只读3年。同时也为本硕连读创造条件，那些有硕士点的学校可以推荐优秀学生进行“3+3”或者

①陈杰：《国别区域人才培养视角下，阿语本科教材体系拓展的思考》，《当代阿拉伯研究 阿拉伯语语言文学学科发展与课程建设专辑》，刘欣路、吴晏雁主编，北京师范大学出版社，2018年，第11页。

“3+2”的本硕连读，进一步缩短教育年限。走本硕连读途径的学生不用参加硕士研究生入学考试，不用撰写本科毕业论文，可以全身心投入到专业知识的学习当中去。①

3. 新文科课程模块设计

3.1 低年级主攻语言

本科阶段一二年级为低年级，三四年级为高年级。低年级课程设置的重点是“语言群”能力的培养，特别是阿拉伯语语言能力的培养。“对外语学科本科生，可在低年级基础阶段重点进行外语基础知识教学，在高年级提高阶段加强外语应用能力培养和其他相关专业基础知识教学，进一步扩大学生的知识面，夯实学生的理论基础。”②在低年级阶段为学生打造坚实的语言基础，为其在高年级语言能力有条不紊的增长提供基础，为学生在高年级语言自主学习提高打下基础。顺利通过二年级的阿拉伯语专业四级考试。鼓励学生参加英语水平等级考试，获得证书。哈佛大学的东亚语言与文明系（EALC）也要求本科生接受至少两年的语言教育。他们的“本科课程分为三个部分：语言、辅导课程和区域国别研究课程。语言方面，最低要求学生接受两年的东亚语言教育，学习两门东亚语言，完成四到六门语言课程。在本科三年级，学生需要选择自己感兴趣的国家，参加社会科学或人文科学辅导课程。”③

3.2 高年级主攻学科

高年级课程设置的重点是“X”能力的培养，在语言学习不中断的基础上，将重心转移到“X”上来，将语言学习和“X”结合起来。北京外国语

①吴昊：《阿拉伯语本科人才培养方案变化及思考》，《当代阿拉伯研究 阿拉伯语语言文学学科发展与课程建设专辑》，刘欣路、吴晏雁主编，北京师范大学出版社，2018年，第24-26页。

②刘珣：《新文科背景下外语学科区域国别研究人才培养模式探索》，《对外经贸》，2022年第10期，第127页。

③陈征：《周润琪.美国高水平区域国别研究机制建设的经验与挑战——以哈佛大学费正清中国研究中心为例》，《日本学研究》第2024年第1期，第27页。

大学在这方面已经开始了改革，“2016年的本科培养方案中首次在专业课程中设置了12学分的学科方向课程，提供了10个学科方向模块课程供学生选修。”[①]“X”的学习通过专业选修课、跨专业选课、辅修、双学位、自主学习等多种形式完成，其学习成效体现在本科毕业论文上，本科毕业论文是一个语言和“X”的产物，既体现阿拉伯语语言水平，又体现“X”这一跨学科知识理论的研究。简而言之就是用阿拉伯语撰写某一专业领域的研究成果。无独有偶，日本的语言文化学院和国别区域学院的本科人才培养体系也是区分高低年级，“低年级学生（1、2年级）参加世界通识教育项目（含通识教育课程、英语语言课程、地区语言课程），高年级学生（3、4年级）分方向学习，部分学生进入国别区域学院学习。”[②]很显然，低年级注重培养语言能力和通识知识，高年级开始区分方向，进行跨专业、学科能力训练。

在四年本科期间，语言的学习强度是一个由强到弱的过程，“X”的学习强度是一个由弱到强的过程，语言和“X”学习的结合是一个由弱到强的过程。

3.3 打造金课

阿拉伯语专业目前还存在一些内容陈旧、轻松易过的“水课”，我们必须扭转这种现象。阿拉伯语专业对本专业大学生要合理“增负”，提升大学生的学业挑战度，合理增加课程难度、拓展课程深度、扩大课程的可选择性，激发学生的学习动力和专业志趣，真正把“水课”变成有深度、有难度、有挑战度的“金课”。“金课”需要一流的教师团队来打造。一流教师团队打造出的一流课程“金课”，其目的是为了培养一流人才。

“在教学实践中，应扩大‘金课’的概念外延，‘金课’不是具体落位到一门课程或者几门课程，而应该是提高课程教学质量和建设质量的代名词，

①杨建国、崔玉晶：《“双一流”建设背景下外语人才培养模式探究》，《北京教育（高教）》，2018年第6期，第45页。

②张蔚磊、邹斌：《区域国别外语人才培养：为什么？怎么做？》，《外语教学理论与实践》，第2023年第3期，第20页。

要充分认识到‘金课’建设标准应是所有专业课程的基本要求，要将‘金课’理念贯穿到人才培养的各个环节，将‘两性一度’落位到外语类专业课程教学中。”①

自2019年以来，首批国家级一流本科课程共5118门。其中，外语类国家级一流本科课程共180门，占比3.52%。②这些一流课程无疑是名副其实的“金课”。

3.4 加强专业思政

加强使命感教育是专业思政的一个重要组成部分。“在双一流建设过程中，培养高素质的外语类人才必须重视对其进行使命感教育，这种使命感更应该直接体现在外语类大学生对当前时代、社会和国家赋予其使命的一种感知和认同，这种感知和认同是他们世界观和价值观的组成部分。”③

2018年高校师生思想政治状况滚动调查结果显示，对大学生思想言行和成长影响最大的第一因素是专业课教师。加强课程思政、专业思政十分重要，它已被提升到中国特色高等教育制度的层面。阿拉伯语专业的各门课程都要“守好一段渠、种好责任田”，与思政课同向同行，形成协同效应，推动阿拉伯语专业每一位专业课老师制定开展“课程思政”教学设计，做到课程门门有思政，教师人人讲育人。这有利于解决目前我国高等教育急功近利、重智轻德的现象。

外语专业多是小班授课，师生间的互动交流多，师生间的情感交流和情绪互动有利于思政教育作用的发挥。使思政教育得以渗透到外语专业学生的专业教育中去，可以及时了解学生的实际思想情况，有的放矢，更好地发挥思政教育的功效。

阿拉伯语专业要大力推进习近平新时代中国特色社会主义思想进课堂、

①严明：《新时代普通高校外语类一流本科专业建设的若干思考》，《外语学刊》，2023年第1期，第83页。

②吴岩：《抓好教学“新基建”培养高质量外语人才》，《外语教育研究前沿》，2021年第2期，第6页。

③姜智彬：《“双一流”建设中外语类高校的使命感教育》，《中国高教研究》，2017年第12期，第25页。

进教材、进头脑，不断增强学生的道路自信、理论自信、制度自信和文化自信，目前四川外国语大学和北京外国语大学、上海外国语大学一道被中宣部列为这一项目的试点院校。

3.5 加强课程的多样性和个性化

（一）课程要能够反映学生的要求。可以通过调查问卷等方式，了解学生对课程类型的需求，开设若干门多数学生都需要的课程，以满足学生对课程多样化的需求。

（二）课程要能够反映国家、地方、社会的需求。目前，我国的“一带一路”政策急需对国别和区域情况了解的人才，需要法律、经贸、跨文化等方面的人才，但是外语学科培养的这类人才还不能很好地满足国家、地方、社会的需要。所以我们应该通过各种方式开设这样的课程，这样培养出来的人才才能更好地为国家、地方和社会服务。

（三）加强高年级全外语授课跨学科方向性课程。目前，“我国应尽快实现从通用外语（English for General Purposes）向学术外语（English for Academic Purposes）再到专业外语(English for Special Purposes)的转变，努力提高学术外语和专业外语的课程比例。”①这里说的是非外语专业的发展方向，但对外语专业同样有启迪意义。外语专业则应该在专业外语的基础上着力建设跨学科方向课程，培养学生的跨学科知识、跨学科能力和跨学科态度。“跨学科知识指的是学生能将掌握的外语专业知识与相关学科知识有机融合，形成跨学科的知识结构。跨学科能力指的是学生能运用跨学科知识，与其他学科领域的人进行有效交流与合作，解决复杂的实际问题。跨学科态度指的是学生能尊重和理解不同学科之间的差异，并有意识地对其他学科持好奇、开放、包容和质疑的态度。”②

①陆小兵、王文军、钱小龙：《“双一流”战略背景下我国高等教育国际化发展反思》，《高校教育管理》，2018年第1期，第33页。

②黄慧、彭云：《新文科背景下外语专业学生跨学科素养模型构建》，《外语界》，2024年第2期，第59页。

对如何在高年级开设更多方向性和跨学科课程的条件下不降低外语水平的问题，我们认为开设全外语授课的跨学科方向性课程是一个解决办法。比如阿拉伯历史方向的课程、阿拉伯伊斯兰文化方向的课程等，这些课程全部用阿拉伯语授课。学生上这样的课时既可以掌握不同方向的理论知识，又可以提高语言水平。这样的课程对教师的语言和某一方向的理论水平有着很高的要求。配套的教材应该是双语的：阿拉伯语和中文，保证学生在不完全理解阿拉伯语的情况下可以借助中文，保证教学质量。

3.6 加强课程改革研究的力度

阿拉伯语的课程改革不应该仅仅将目光局限在阿拉伯语圈内，英语对课程改革的研究都是站在整个外语界的层面去思考的，阿拉伯语至少也应该站在小语种的层次来思考课程改革，外语专业的课程有其相似性，研究阿拉伯语课程就是在研究外语类课程。阿拉伯语教师应该提高自己的研究层次，上升到整个外语课程的层面。这种对整个外语课程的宏观研究更具有广泛性，更容易被其他外语专业引用，也更容易在高级学术刊物上发表。

三、问题与对策

1. 人才培养中存在的问题

（1）《国家中长期教育改革和发展规划纲要》（2010—2020）指出中国大学教育存在的问题，“我国教育还不能完全适应经济社会发展的要求，学生适应社会和就业能力不强，创新型、实用型、复合型人才紧缺”。外语专业的人才培养存在“规格单一、质量参差不齐、高水平人才匮乏等问题，人才数量、质量与国家社会经济发展需求尚有较大差距。”[①]这些问题在阿拉伯语专业的

①李维屏、王雪梅：《构建学科联盟平台，促进一流学科发展》，《外语界》，2019年第2期，第15页。

人才培养中也不同程度地存在着。

（2）“面对外语教育新形势和新要求，外语类专业建设面临着现实的危机与挑战，总体上来说，可以概括为‘两个加大’，即专业培养规模与时代需求的差距加大、专业培养能力与育人期望值的差距加大。”①

（3）部分阿拉伯语专业人才培养模式的特色还未落实。全国目前约有50所院校开办阿拉伯语专业，其中大多数开办年头不超过20年，除了一些传统的语言类院校，一些师范类、工商类、理工类院校也开设了阿拉伯语专业。他们的教学模式、课程体系建设及教材的使用，总的来说还是模仿和承袭老牌院校的阿拉伯语专业。有些阿拉伯语专业“以语言技能为核心的体系已经不能适应外语院校或院系发展的要求。”②很多院校将传统的阿拉伯语教学模式与千人一面的课程内容不加改良地盲目移植过来，这势必会造成师范类、工商类、理工类院校的“水土不服”。近年来，国家强调不同院校的差别化发展，有些院校提出了自身的特色，但这些还都是愿景，还需要在实践中去检验。如有的院校提出“阿拉伯语+商务”的特色模式，但是商务阿拉伯语人才培养将会面对一个残酷的事实，那就是阿拉伯国家中的北非国家用法语谈生意，其他阿拉伯国家用英语谈生意，很少有阿拉伯人用阿拉伯语谈生意。以前进入商界的国内阿拉伯语人才都是用英语和阿拉伯人谈生意（掌握法语的阿拉伯语人才凤毛麟角），阿拉伯语就是用来寒暄拉近感情的，谈到正事的时候马上转成英语。改变自己容易，改变别人很难，如何让阿拉伯人用阿拉伯语谈生意呢？还有一个问题，国内高校教授的阿拉伯语是标准语，是一种偏向文学和政治的语言，在商务活动中很少使用，用标准语和阿拉伯人谈生意，阿拉伯人会不会很别扭呢？

（4）过于重视语言能力的培养，轻视研究能力、跨文化交际能力、思辨与创新能力、自主学习能力和实践能力的培养。

---

①严明：《新时代普通高校外语类一流本科专业建设的若干思考》，《外语学刊》，2023年第1期，第82页。

②钱昕怡：《日本高校的外语专业改革研究——以东京外国语大学外国语学部的改编为例》，《中国人民大学教育学刊》，2014年第2期，第82页。

（5）人才培养质量的下降。其原因很多。第一，各个院校对人才培养方案中总学时和总学分有严格的控制和要求，导致学时越来越少。我国高校阿拉伯语本科最开始是五年学制的，现在都是四年学制的。第二，新建阿拉伯语专业增多，教师的经验和水平有待提高。

（6）人才需求和人才培养地域性不均衡。某些地区对阿拉伯语人才的需求量大，但当地培养的人才少，只能从外地引进；某些地区培养的阿拉伯语人才多，但当地消化不了这么多人，这些人只能出口到外地。如重庆地区阿拉伯语人才的消化能力弱，该地区每年培养的人才有很大一部分到外地就业。而福建地区对阿拉伯语人才的需求量大，但当地培养的人才少，所以在当地就业的很多阿拉伯语人才来自西北地区。

2. 对策：新时代阿拉伯语专业人才培养构想

我国高校外语系发展大致经历两个阶段：外文系阶段。在这一阶段，大学文学院外文系的学生学习中国文学、历史和哲学，精通一门或多门外文，涌现出一批学贯中西的学者和思想家。外语系阶段。后来外文系改名外语系，体现了“外语工具论”。把外语作为工具，把外语教学变成纯语言技能的工具性培训，这就导致我们培养的外语人才在知识结构上不够全面，在发展潜力上存在不足。[①]北京语言文化大学更名为北京语言大学就是一个“去文化”的典型的例子，但是学校英语名称中的“Culture”保留了下来。

语言和文化是什么关系呢？“由于语言的产生和发展，人类文化才得以产生和传承。不存在没有语言的文化，也不存在没有文化的语言。广义的文化包括语言，同时文化又无时无刻不在影响语言，使语言为了适应文化发展的需要而变得更加精确和缜密。”[②]语言是文化的基础和先决条件，文化包含语言。

①郝平：《高扬我国外语高等教育科学发展的时代竞帆——基于北京外国语大学外语教育教学改革实践的反思》，《北京教育（高教版）》，2019年第1期，第31页。

②胡文仲：《超越文化的屏障》，外语教学与研究出版社，2009年，第49页。

彭青龙（2018）认为中国外语学科经历了三个发展阶段：第一、缓慢发展阶段（1949—1977），这一阶段学习苏联，主要培养“外语翻译人才”。第二、快速发展阶段（1978—2017），改革开放40年，主要学习欧美，外语学科迅速发展。第三、创新发展阶段（2018—），自主创新阶段。

不同学者对我国外语学科发展历史的分期认识是不同的，但在新时代、新文科、“双一流”建设的背景下，众多专家学者一致认为外语类高校原有的人才培养模式将面临挑战。我们应该构建新的人才培养模式来满足国家、社会对人才的需求。

一方面，我们要总结海外一流高校外语专业人才培养的特点，吸收其优点。“从人才定位来看，外语专业人才培养主要以服务国家外事外交和经济贸易发展为导向；从人才规格来看，外语专业强调专通结合，以精语言跨学科的复合型人才为培养目标。”①黄慧和彭云将外语专业学生跨学科素养的概念界定为“跨学科知识、跨学科能力、跨学科态度等要素构成的有机整体，使学生在精通外语专业知识、技能的基础上，能跨越外语学科边界，整合不同学科的理论、观点和方法，与不同学科领域的人进行有效的交流合作，具备在多学科交叉的复杂环境中识别、分析和解决问题的能力。”②这无疑为学生的跨学科素养提出了科学、清晰、明确的要求，其中“知识层面应凸显外语专业知识与其他学科知识的融合，而非‘两张皮’；能力层面的落脚点应是‘解决各种实际问题’，且强调不同学科背景的人之间的交流与合作；态度层面首要的是应具备学科差异认知。”③

另一方面，我们要结合自身条件、目的和特点，将海外先进经验吸收，进行充分的本地化。

综合上述阿拉伯语专业人才培养的现状、特色、不足，在统筹兼顾、发

①王雪梅、赵双花：《“一带一路”沿线一流高校外语专业/课程设置研究》，《外语界》，2019年第6期，第59页。

②黄慧、彭云：《新文科背景下外语专业学生跨学科素养模型构建》，《外语界》，2024年第2期，第57页。

③同②。

扬特色、改善不足、结合自身情况下，我们认为，一流的阿拉伯语人才培养应分为三个层次。

2.1 第一层次：单一语言型人才（语言群型人才）

第一层次是单一的语言型人才："阿拉伯语+汉语+英语+其他外语"。汉语作为我们的母语，是一种我们与生俱来的能力，学生需要做的就是通过阅读、写作等多种输入输出方式强化这种能力。

汉语近年来受到越来越多外语学者的重视，因为外语学者发现，如果汉语水平不高，那么外语水平上升到一定程度就会遇到瓶颈，无法上升到更高的高度。母语就像是大树的树根，外语就像是树干，只有树根足够发达，树干才能长得足够高。所以外语学习者决不可忽视母语的学习，必须要促使母语水平提高。再者，学习汉语还可增加学生的文化自信，一定程度上避免崇洋媚外。这也正体现了王守仁所强调的"研究外国与关注中国并重、国际化与本土化并重。"①

英语是绝大多数学生的第二外语，他们已经具有了相当的英语水平，尤其是进入外语类院校的学生，他们高中高考的英语成绩是决定他们进入外语类院校的一个重要因素。在大学期间，他们需要做的就是强化英语水平，并参加考试，取得能够证明其英语水平的相关证书。英语作为一种"世界语"，在世界上通用，各行各业的人士都使用英语，阿拉伯语专业的学生也必须尽可能提高这种语言的能力。

汉语和英语都是学生在进入大学之前就已具有的语言能力，学生要做的就是尽可能的提高二者的水平。阿拉伯语是大学期间必须要掌握的一种新的语言技能，能用阿拉伯语沟通和工作，所有学生都要达到这一点要求。虽然会说三种语言，但这还是单一的语言型人才，尤其是在人工智能普及的未来，单一语言型人才无法满足社会和国家的高阶需求。

---

①孙钦美、赵双花：《构建新时代高校外语学科协同发展"共同体"——一流外国语言文学学科建设与发展高峰论坛述评》，《外语界》，2018年第2期，第75页。

2.1.1 人工智能对单一语言型人才的挑战（从翻译学视角）

目前，外语学科毕业生有很大一部分从事的是翻译工作，但翻译工作在未来将受到人工智能的巨大挑战。不仅是翻译方面，“虽然虚拟仿真和机器翻译等技术还处在初级阶段，但未来势必会对高等外语教育的理念、内容和手段等产生深远影响。”①

随着第四次科技革命的到来，人工智能翻译发展势头迅猛。

2017年3月10日，李克强总理来到十二届全国人大五次会议安徽代表团参加审议。全国人大代表、安徽科大讯飞股份有限公司董事长刘庆峰向李克强总理展示公司最新研发的人工智能技术产品。其中有一款产品是晓译翻译机。这个机器除了能中英实时翻译外，还能提供汉语—维吾尔语翻译。在未来，还会推出汉藏、汉蒙、中日、中韩、中哈、中俄、中法、中德等其他小语种的翻译功能。晓译翻译机目前在衣食住行等日常生活领域达到了大学英语六级水平。②

而谷歌翻译也有大动作，谷歌要把人工智能技术引入到谷歌翻译当中。谷歌表示：与之前采用的算法相比，谷歌神经机器翻译系统（GNMT）能降低80%的翻译错误率，并且十分接近人类译员的翻译水平。③

谷歌还将神经机器与人类根据同一段文字翻译出的译文进行了对比。中文原文是“美国总统候选人的第一场电视辩论定于美东时间26日晚上9时举行，到时代表共和党的特朗普和代表民主党的希拉里将展开唇枪舌剑，力求表现出最好的一面”。

神经机器翻译的译文是“The first TV debate for the US presidential candidates is scheduled for 9 pm EST on Tuesday, when Trump, the Republican, and

① 张晓红、林家钊：《新文科背景下外语学科创新实践与学术反思》，《外语教学与研究》，2023年第1期，第115页。

② 相关新闻请见《李克强来到安徽团，科大讯飞用人工智能向总理“报道”》，http://news.163.com/17/0310/19/CF6KSQVG000187VE.html

③ 相关新闻请见《翻译界大突破，Google翻译开始采用人工智能》，http://news.163.com/16/0928/18/C22Q8OG2000181MU.html

Hillary Clinton, who represent the Democratic Party, will fight to show the best”。

人类翻译的译文是“The first TV debate for the US presidential candidates is scheduled at 9 pm EST on Sep 26th, when Trump, who represents the Republican Party, and Hillary Clinton, who represents the Democratic Party, will fight a battle of words to show their best”。①

从两段翻译的对比可以看出，人工智能翻译所译出的文字十分接近人类议员所译出的文字，二者的差别不大。

如果你是一名翻译，看完这两段新闻，也许你就能理解18世纪纺织工人在看到蒸汽机时的忧虑与恐慌，因为你看到了被取代的可能性。蒸汽机的出现使大批纺织工人失业，现代化交通工具的出现使人力车船退出历史舞台，自动化的出现使工厂主节约了大量人力成本……人类的历史已经屡次证明，每一次大的科技创新，都有可能威胁到一个行业的从业人员，这些人面临着被取代的危险。

从这两段新闻中，我们看到了在不久的将来，人工智能翻译取代纯粹人类翻译的可能性大大增加。试想，如果我拥有了一个外语水平足够高的人工智能翻译，那么我是否还需要雇佣一个人来替我翻译呢?

比起人类翻译，人工智能翻译在以下这些方面有着明显的优势。

（一）人工智能翻译在翻译过程中的瞬间转换能力。

这是人工智能翻译的最大优势之一。不管是输入一段语音文字还是一段书面文字，人工智能翻译都能够瞬间将其翻译为目标语。而人类翻译要在大脑中完成原文字的理解，目标文字的选词、排列、组合，然后再用口或手将其表达为目标语，在此过程中，近义词的选择，句式的选择都需要经过一番考量，需要花费时间。

（二）人工智能存储器的单词存储量远超人类大脑可记忆的词汇量。

2010年据英国《卫报》消息，全世界每98分钟就有一个新英语单词诞

① 中文原文和英语译文请见以下链接http://news.163.com/16/0928/18/C22Q8OG2000181MU.html

生，第100万个英语单词就诞生在这一年。[①]如今已经过去了15年，那么在这15年当中又产生了80447个新单词。根据Test your vocab网站上两百万份测试的结果，大部分母语为英语的人单词量为20000—35000之间。[②]我们假定人类翻译也能掌握母语为英语者所掌握的词汇量，甚至更多一些，达到40000或50000，即使这样，人类翻译所掌握的词汇量也远远少于英语单词的总量，也就是说人类翻译无法掌握所有的英语单词。但是这一点人工智能翻译却可以做到，只要它拥有足够大的存储空间。

也就是说人工智能翻译的记忆术要比人类大脑强大的多，人工智能翻译能够背诵更多的单词。背诵，作为一项古老的技艺，曾经很流行，且被当作高大上的东西。“在古希腊罗马，人们还喜欢赋予统帅、国家管理者、国王以超常的记忆力。”[③]阿拉伯贾希利亚时期的传诗人能够背诵数百句的长诗，能够背诵《古兰经》的人被尊称为哈菲兹或谢赫，背诵长长的文章还被当成语言文学课堂上的重要内容。

今天，记忆术则呈明显衰落的趋势。“比如那些认为背诵下来的知识才是真正的知识的人，恐怕不得不看到，背诵这种技艺现在已经无人问津了。”[④]背诵作为一种技艺的文化全盛时期已经过去了。“在书里到处都能查到的东西为什么还要背下来呢？背诵的衰落正与外在于人体的功能强大的知识存储器飞速增长的容量相对应。”[⑤]人类的记忆术正在衰落，而人体外的知识存储器容量却在增长，此消彼长，人类大脑所能存储的单词量和存储器所储存的单词量的差距正在加大。

（三）人类翻译存在的问题或成为人工智能翻译的突破点。

从事翻译行业的人员存在着一些问题，2001年香港召开的第三届国际译

---

①相关新闻请见链接https://www.theguardian.com/books/2009/jun/10/english-million-word-milestone

②相关资料请见链接http://testyourvocab.com/blog/2013-05-10-Summary-of-results

③阿莱达·阿斯曼著，潘璐译：《回忆空间——文化记忆的形式和变迁》，北京大学出版社，2016年3月，第11页。

④同①。

⑤同①，第12页。

联（FIT）“亚洲翻译家论坛”上，Nigel Reeves在开幕词中提出了翻译界所存在的一些问题，这些问题在2010年在澳门大学召开的第六届国际译联“亚洲翻译家论坛”上已经引起了广泛深入并且切实具体的关注，比如“面向现实需求的翻译专业人才紧缺；从业人员翻译能力欠缺；受过专门培训的译者数量有限；由于翻译需求量空前巨大，随便找人应付翻译的现象大量存在，严重影响了翻译质量”。[①]这些问题或成为人工智能翻译潜在的突破点，例如，面向现实需求的翻译专业人才紧缺这一问题，既然人类翻译紧缺，那我们为什么不试一试人工智能翻译呢？

难道人类翻译在和人工智能翻译的对垒中要完败并被淘汰吗？不是的，因为人类翻译相比人工智能翻译也有其优势，有的翻译是人类能够胜任的，是人工智能取代不了的。

法国符号学家皮埃尔·吉罗在《符号学》一书中将语言符号分为逻辑符号、语义符号和审美符号。受其影响，中国学者许钧在《论翻译的层次》一文中提出翻译有思维、语义、美学三个层次。人类思维的共性构成了翻译的思维层次，但是思维的实现需要语言，需要用一种语言符号传达另一种语言符号的意义，这是语义层次。一般来说，完成了思维层次和语义层次的转换活动，翻译也就实现了，比如科技翻译、应用文翻译到了语义这一层次就可以说完成了。但是语言还有审美的职能，尤其是对文学语言来说，审美职能甚至是其最重要的职能。因此，文学作品的翻译，除了思维层次和语义层次的活动外，有着更高层次的要求，这就是文学翻译的最高层次，即审美层次。[②]因此，在只涉及思维层次和语义层次的科技翻译、应用文翻译方面，人工智能翻译大有取代人类翻译的可能性，但在文学、艺术等涉及审美层次翻译中，人类有着比人工智能翻译更大的优势。

---

① Nigel Reeves, “Translation: A crucial activity in a crucial place and at a cru crucial time – Challenges to the translating profession in Hong Kong and the Asia Pacific in the New Millennium” *Translation Quarterly*, No. 23, 2002: 1 – 25.

②许钧：《翻译概论》，外语教学与研究出版社，2009年3月，第5-6页。

以文学翻译为例，茅盾在1954年8月在全国文学翻译工作会议上的讲话中说道："文学的翻译是用另一种语言，把原作的艺术意境传达出来，使读者在读译文的时候能够像读原作时一样得到启发、感动和美的享受。"虽然这段讲话已经过去了60多年，但是他对文学翻译所下的定义在接下来的几十年中得到了国内颇多学者的赞同。"我国翻译界对文学翻译的界定，注重传达原作的艺术意境，把读者的反映作为衡量翻译效果的依据……意境是文学作品通过形象描写表现出来的境界与情调，是作家审美理想的最高层次。要求译作传达原作的艺术意境，准确揭示了文学翻译的本质。"①

"文学作品是用特殊的语言创造的艺术品，具有形象性，艺术性，体现着作家独特的艺术风格，并且具有能够引人入胜的艺术意境。所以，文学翻译要求译者具有作家的文学修养和表现力，以便在深刻理解原作，把握原作精神实质的基础上，把内容与形式浑然一体的原作的艺术意境传达出来。"②艺术是一种创造，而艺术品则是这种创造的产物。文学作品就是通过创造而产生的艺术品。文学作品的翻译过程中有一个重要环节，即"译者的审美再创造，或者叫作心灵的再创造，情感形式的再创造。"③文学作品的翻译过程就是一个以"创造""审美"为重要环节的过程，人类和人工智能谁更有创造力和审美能力呢？人类创造了人工智能，而不是人工智能创造人类，拥有创造力的显然是人类。所以说人类翻译在这方面比人工智能翻译更有优势。

对人工智能所引发的变革，我们认为高校阿拉伯语的教育应该做出相应的调整，来适应人工智能被广泛运用的世界，以避免我们所培养出的学生成为人工智能翻译的牺牲品，让他们有能力在人工智能翻译越来越普及、水平越来越高的情况下仍然能够找到自己在社会上和单位中的一席之地。

综合上述人类翻译和人工智能翻译的优劣对比。我们认为，在未来，基础的翻译工作完全可以由人工智能机器来承担，人在翻译的过程中起到的是

①郑海凌：《文学翻译的本质特征》,《中国翻译》，1998年第6期，第4-5页。

②同①，第5页。

③同①，第6页。

一个再创造、把关、译审和定稿的作用。人类和人工智能相互配合完成翻译工作，人工智能完成语义转换的工作，人类在此基础上完成审美层面的工作。

我们认为，可以将翻译的过程分为两个阶段。

第一阶段，将原文翻译为目的文，这一部分工作完全可以由人工智能翻译来完成。

第二阶段，由人对译文进行译审，修改译文中的各种错误，包括用词、选词、近义词等的错误，修辞上的错误，意识形态上的错误，如果外来文化和本土文化格格不入，译文是否忠诚地表达了原文的意思和意境等等，将译文提升到审美层次，最后定稿。

下面列举两个在翻译定稿中对意识形态、跨文化交际把关的例子，它们可以更清楚、形象地说明人在未来翻译工作中所扮演的角色。

比如，在《小王子》的英文版中这样写道“Fortunately for the reputation of Asteroid B-612, however, a Turkish dictator imposed European costume upon his subjects under pain of death”①，如果使用人工智能翻译，那么英文版中的“dictator”一词肯定会被翻译为“独裁者”，本书的作者是法国人安东尼·圣-埃克苏佩里，在他的意识形态看来，文中所指的土耳其国父凯末尔就是一位独裁者，但在阿拉伯文版本中，这个词被翻译为“قائد”②，意为“领袖、领导人”这样一个中性、褒义的单词，因为在阿拉伯人的意识形态中，凯末尔并不是一位独裁者，而是一位领袖。

又如周作人在翻译《一千零一夜》当中《阿利巴巴与四十大盗》这个故事的时候，同样是出于对原文中文化同本国文化不相符的考虑，对原文进行了删改。周作人在自己的回忆录里是这样描述当时的情况的，“第一是阿利巴巴死后，他的兄弟凯辛娶了他的寡妇，这本是古代传下来的闪姆族的习惯，却认为不合礼教，所以把它删除了。其次是那个女奴，本来凯辛将她作为儿

① Antoine De Saint−Exupery, translated by Irene Testot – Ferry, The Little Prince (London: Wordsworth Editions, 1995), 21.

② <<الأمير الصغير >>، أنطوان دي سانت أكسبيري، ترجمة: محمد ساري، دار تلانتيقيت، الجزائر، 2014، ص 20.

媳，译文里却故意的改变得行踪奇异，说是‘不知所终’”。[①]

人工智能翻译如果在翻译领域被广泛应用，那么人类将被解放，在单位时间内所能完成的翻译作品数量和质量都会大大提高，相应地，收入也将大大提高。目前，在文学翻译领域已经有一些人类译者开始用机器翻译为自己服务，译作能在很短的时间内完稿，效率得到极大的提升。人和机器协同工作，人类把关、定稿，保证了翻译的质量，保证译文的美学层次，极大地减少了人的工作量。

所以，人和机器翻译配合工作，机器翻译为人工作，是未来翻译工作发展的趋势。

人工智能和人类的合作是其积极一面，同时我们应看到其消极一面。基于人工智能翻译在未来发展程度的展望，以及这种技术对外语从业者的冲击程度，我们认为，以外语教学为主体的我们，应该适时地调整我们的培养方案，逐步减少中、低端外语毕业生的培养，因为这些人是最先被取代、被淘汰、转行的对象。

现在的晓译翻译机已经达到了大学英语六级水平，那么专业英语四级、八级的水平也一定将在不久后实现，这是一个完全可以预见的发展趋势。目前这个机器的范围还只限于日常生活领域，但随着客户的要求，这一范围一定会扩展到各个专业领域。到那个时候，各专业领域的高端翻译地位也将受到挑战。

总而言之，以外语为核心技能的从业者，在未来，都将面临人工智能翻译所带来的挑战。

人工智能翻译是一把双刃剑，它既可以为人类翻译服务，也可以威胁人类翻译的地位甚至在语义翻译层面取代人类翻译。那么，在当下的高校阿拉伯语人才培养中，如果毕业生仅仅掌握了语言技能，且这种技能只停留在语义层次，那么这样的毕业生很有可能被人工智能所取代。所以阿拉伯语专业的毕业生除了掌握语言外，必须还要积极切入其他学科。

①周作人：《知堂回想录》，敦煌文艺出版社，1998年，第72页。

2.2 第二层次：复合型人才

2.2.1 “语言群+X”

第二层次是语言和至少一门其他学科理论知识技能相结合，达到人才培养方案所要求的复合型人才标准，这一层次是人才培养的重点。

我国复合型人才的培养设想最早要追溯到1998年12月由教育部高教司转发的《关于外语专业面向21世纪本科教育改革若干意见》，该《意见》“第一次以文件的形式阐述了复合型外语人才培养的必要性，确认了复合型外语人才的概念和培养模式”[①]。随后，2000年颁布的《高等学校英语专业英语教学大纲》首次将复合型人才列为英语专业的培养目标。[②]之后，各高校阿拉伯语专业也将培养复合型人写入了人才培养大纲。

在未来，“经济和社会发展越来越依赖于知识创新水平和高素质国际化人才的数量，缺乏相应专业知识背景的外语人才难以胜任工作。因此，只有既具有外语知识又拥有相当宽广的知识面、一定深度的专业知识、良好的跨文化交际能力和综合素质的复合型外语人才，才能适应全球经济一体化的需要。”[③]

目前，我国部分高校阿拉伯语专业还在培养单一语言型人才，毕业生仅仅掌握了阿拉伯语语言应用技能，非外语专业知识、理论、技能的掌握还不足。所以要大力推动阿拉伯语专业与其他学科的交叉融合，通过调整培养方案、课程设置、打造“金课”、加强非外语专业理论学习、增加第二学位、辅修等方式，使培养出来的人才成为出色的复合型人才。

从20世纪80年代中期开始，我国的一些重点外语院校已经开始了外语复合型人才的培养，经过几十年的试验，复合型外语人才的培养已经形成了格

---

①文秋芳：《“一带一路”语言人才的培养》，《语言战略研究》，2016年第2期，第27页。

②何其莘：《培养21世纪的外语专业人才——新<大纲>的修订过程及主要特点》，《外语界》，2001年第1期，第8页。

③杨建国、崔玉晶：《“双一流”建设背景下外语人才培养模式探究》，《北京教育(高教)》，2018年第6期，第43页。

局。目前，各个外语院校都在各自院校内成立了商学院、法学院、国际关系学院、新闻传播学院等非外语独立学院，这些学院培养既懂得外语（主要是英语）又懂得非外语专业知识的人才，正所谓外语复合型人才。

在这一点上，小语种如阿拉伯语在复合型人才的培养方面则要远远落后。通过大学本科四年的学习，很多院校阿拉伯语专业的学生仅仅掌握了阿拉伯语语言知识，达到了一定的阿拉伯语语言水平，其中的部分学生掌握了一些阿拉伯伊斯兰文化、历史知识，至于商业、金融、贸易、法律、国际关系、地缘政治、新闻传播等专业知识，阿拉伯语专业的学生在大学四年中则很少涉及。所以说，很多阿拉伯语专业的学生根本不是复合型人才，还只是单一的语言型人才。在未来，在人工智能翻译逐步普及的情况下，单一的语言型人才的工作岗位将遭受到巨大挑战。在这种情况下，阿拉伯语专业必须改变培养单一语言型人才的培养模式，将学生培养为真正的复合型外语人才。

目前，很多外语院校开设了第二学位、辅修，这就是为了把像阿拉伯语这样的小语种人才培养成复合型人才所做的努力。为了成为复合型人才，阿拉伯语专业的学生很有必要选择一门非外语专业作为自己的第二专业。

目前，全国的外语院校都在刮“外语+”的风，但是汉语的地位受到忽视，后来“外语+”加入了汉语进化为“多语言+”，不管是“外语+”还是“多语言+”，他们指的都是外语专业的学生仅仅掌握作为本专业的外语已经不能满足社会发展的需求，在掌握本专业外语的同时还要学习其他学科的知识。之所以会这样，很大程度是因为人工智能的发展。人们常说：“人无我有，人有我优，人优我转。”当这个世界没有人工智能的时候，外语交流都要靠人；当人工智能机器翻译能够进行外语交流的时候，人类翻译翻得比机器好；当机器翻译也很好的时候，人类就只能转行了。目前的情况是，人工智能翻译得还不够好，但它一直在改善，一直在进步，总有一天会翻得和人类一样好。根据科技发展的速度，那一天也不那么远，所以以外语为生计的人都要被迫转行。“外语+”和“多语言+”是被逼出来的，是在看到了残酷的未来时一种自我拯救的方式。

在未来，一个小语种（如阿拉伯语）+一个大语种（如英语），或是一个小语种（如阿拉伯语）+一个小语种（如波斯语）这种培养模式也将会走入穷途末路，因为手机上的一个翻译软件就可以翻译若干种语言，而这种培养模式归根结底还是单一的语言型人才的培养模式，不是复合型人才的培养模式。且小语种一般所指的是大学本科一年级零基础开始学习的语言，它是和英语相对应的，我国绝大多数的学生在上大学的时候就有了一定的英语基础，大一新生的英语水平越来越高了，而非英语的小语种在大一都要从零起点学起。约翰·康威（2010）认为要把一门外语学到能熟练地用于工作的程度，至少要花2000小时。文秋芳（2016）认为，按照一个星期15课时计算，一年总学时约480，学习4年，总课时不足2000，学习时间不充分。如果零起点学习两门小语种，对绝大部分学生来说，要达到用外语工作的程度，几乎是天方夜谭，当然不排除少数具有语言天赋，或是从小就学习多门外语，也就是大一入学前就有多门外语基础的学生能够做到。

为了培养复合型阿拉伯语人才，阿拉伯语专业应提出一个“语言群+X”的培养模式，“语言群”指的是“汉语+英语+阿语+其他语种”的语言群，“汉语、英语、阿拉伯语”要求每个学生都要掌握，“其他语种”只对那些有高超语言天赋或本来就有该外语基础的学生而言的，不是绝大多数学生的目标。“X”指的是一门或多门非外语专业，要求学生在掌握阿拉伯语语言知识的前提下，再多学一门或多门非外语类专业，以完成培养复合型或高级复合型阿拉伯语人才的要求。“即精通一门外语、能用多门外语沟通交流，掌握一种专业、具有多种外语能力的复合型人才。”①

很多外语院校就复合语言人才的培养提出了自己的方案和设想，如“非通用语+通用语”，“非通用语（小）+非通用语（中）+通用语”，“英语+法语”，“英语+其他联合国工作语言”，“英语+非通用语”，我们认为上述方案和设想都可以归入到“语言群”的概念，因为这些方案都只是不同语言的排列组合。而且“语言群”的概念相对灵活，“语言群”所包含的语言数量可多

①李维屏、王雪梅：《构建学科联盟平台，促进一流学科发展》，《外语界》，2019年第2期，第15页。

可少，学生能力强语言数量就多，反之语言数量就少。“无论是外语类院校还是综合性大学，采取‘外语+外语’还是‘外语+其他学科’的形式，‘外语+’的复合型人才培养模式已然成为全国高校外语新文科建设的重要举措。”①

如果用一棵大树来比喻的话，树根是我们的母语，外语的水平不光是由外语决定的，母语水平不高，就好像这棵大树的根系不够发达，无法吸取足够的水和养分，那么树干注定不会粗壮，树也长不高，树干也承载不了枝繁叶茂的树冠，所以说母语水平在一定程度上决定外语水平，母语水平不高，外语上升到一定程度就会遭遇瓶颈；而反之，汉语文化水平高，才有可能学贯中西，才有条件开展中国特色的外语语言文学研究，如外国文学的中国视角研究、用外语传播中华文化研究。我们要培养的具有中国情怀、国际视野的跨文化沟通人才，加强母语文化学习也是为了更好地增强文化自信和国家认同感。正如中国工程院院士朱高峰在2019年上海举行的“中外大学校长学科建设研讨会”上所说的，新时代一所优秀的外国语大学，首先应该是一所优秀的汉语学校。②

树茎是英语，因为英语是我们绝大多数人的第二外语。

树干就是阿拉伯语，每个学生都要掌握的阿拉伯语语言技能。树的根茎、树干组成这棵大树的“语言群”主干部分。“基于学科的性质和分类，外语学科的核心是外语，因此无论外语与哪个学科交叉或融合，外语教育的基本点都应该准确落在外语技能培养、外语交际能力提升和综合知识在跨文化沟通中的恰当应用上。外语、外语教育、外语研究、外语运用是我们外语人的出发点和归宿地。离开‘外语’，外语专业的学生和教师就没有立身之本，也没有自己的看家本领了。”③

树枝就是“X”，是阿拉伯语专业所依托的众多学科专业和方向。“专业

①张晓红、林家钊：《新文科背景下外语学科创新实践与学术反思》，《外语教学与研究》，2023年第1期，第117页。

②朱高峰：《优秀的外国语院校，首先应是优秀的汉语学校》，http://wenhui.whb.cn/zhuzhan/xue/20191208/307528.html

③黄国文：《新工科、新医科、新农科、新文科与外语学科建设的关系》，《中国外语》，2023年第5期，第15页。

以学科为依托，有时某个专业需要若干个学科支撑。”[①]就外语学科而言，主要有以下几个方向：语言学、文学、翻译学、比较文学、跨文化研究、国别和区域研究。目前发展的趋势是在保证语言学、文学基础地位的同时，大力发展新兴的翻译学、比较文学、跨文化研究、国别和区域研究。

枝丫上的树叶、果实可以被看作在这一学科或研究方向上产出的成果。

“语言群+X”就是一棵根茎发达、树干粗壮、枝繁叶茂的大树，拥有旺盛的生命力。树干和树枝的关系就是外语学科应和其他学科相融合，比如课程的融合，形成课程链。树的根茎和树干所组成的“语言群”部分是大树的命脉，这一部分受损，大树就会枯萎、死亡。但是树枝被剪掉不会导致大树死亡。树枝所代表的是其他学科专业、研究方向，由于时代、环境、条件的不同，有的树枝粗壮，树叶繁茂，但有的树枝细小，光秃秃的。比如在当下，语法学的研究处于边缘位置，其成果不多，也鲜有人关注。语法学的树枝就显得细小和脆弱，在这个枝丫上长出的树叶也不多。而国别区域研究的树枝正在变得越发粗壮，枝丫上的嫩芽如雨后春笋般长了出来，马上就要形成遮天蔽日的树荫了。在这棵大树上，有的树枝枯死了，有的新枝长出来了，这都是正常的，符合自然规律的，只要保证大树主干部分的健康，整棵大树就能屹立不倒。树枝所代表的不仅是人文学科，也可以是农科、医科、理科，在互动中形成外语学科和非人文学科的交叉融合，在这一过程中要“坚持外语学科的多语种特色、人文特色与跨文化特色，始终做到外语学科为‘体’、非人文社会科学为‘用’，实现‘体用结合’，逐步推动学科的创新发展。”[②]

现代社会发展迅速，学科繁多，每个学科知识的积累都很深厚，知识更新速度很快，然而学习时间却有限，学生必须在保证掌握阿拉伯语语言技能的基础上学习其他学科，否则就有失本的危险。保证所有学生掌握阿拉伯语是基本性原则，把不同的学科留给学生把握，不同的学生根据自己的兴趣和

---

①孙建京：《应用性大学的学科与专业建设思考》，《北京联合大学学报（人文社会科学版）》，2004年第3期，第85页。

②邓世平：《新文科视域下外语学科知识体系的交叉融合建构：一项跨案例研究》，《外语界》，2023年第4期，第40页。

需求关注不同的学科，这体现了学生需求原则，让丰富的知识分散到全班，实现了统一和丰富性的并举。

“语言群+X”模式中的“语言群”体现了尊重三重逻辑——历史传统逻辑、学术逻辑、社会需求逻辑中的历史传统逻辑，历史传统逻辑是学科建设的基点，要求外语学科建设扎根大学、院系，特别是学科的历史传统和文化，不丢掉外语学科的语言优势。所体现的正是宁琦所强调的“既不丢掉又不囿于自身优势”。用王守仁的话来说就是“立足语言、利用语言、超越语言，打破学科边界、重塑学科内涵。”[①]如图2所示。

图2　语言群+X

①孙钦美、赵双花：《构建新时代高校外语学科协同发展“共同体”——一流外国语言文学学科建设与发展高峰论坛述评》，《外语界》，2018年第2期，第78页。

2.2.2 非外语学科专业方向的学习

学习至少一门非外语类学科，其中的理论学习是重点，但理论学习也正是高校阿拉伯语教学中的短板。

高校中阿拉伯语的教育，长期以来都以传授语言知识为主，就是以学生掌握这门语言，能说、能读、能写、听得懂，以这些为标准来判断学生的水平。但是对各种思想的传授，也就是理论知识的学习，重视得不够。听说读写译，这些语言技能掌握了，可以成为一名优秀的翻译，但是却无法成为一个优秀的思想表达者，也就无法掌握话语权，因为脑中空无一物，并没有装着多少思想。而我们在前文中已经表达了一个看法，那就是无法上升到审美层次的翻译工作在未来将会被人工智能翻译占据，人力翻译将会受到极大的挑战。如果我们现在仍然还在培养只懂得听说读写译的优秀翻译人才，那我们在未来将走入死胡同。我们必须在传授语言技能的同时，传授思想、理论知识。

“不少学者从面向需求、培养能力、强化特色等方面提出优化外语院校人才培养体系的对策，其中需求分析是基础，只有准确了解学生毕业后的知识和能力需求，关注毕业生的培养质量，才能更好地制定人才培养的需求，规划人才培养的过程，达成培养目标。”[①]阿拉伯语毕业生在毕业后将从事各行各业的工作，政治、经贸、传媒、文化……我们现在所培养的毕业生并没有更擅长于哪一个门类，他们只是具备了一定的阿拉伯语语言基础，然后根据自己所从事的领域再学习这一领域的相关知识，而入这一行之前也许对这一行完全陌生。也就是说毕业生在进入某领域工作后，这一领域相关的理论知识学习是必不可少的，这种再学习的过程是必须的。如果这一过程是必然的，我们可不可以将这一过程提前到大学教育阶段？我们可不可以在大学阶段就对学生进行相关领域的理论教育，当他们毕业后从事相关领域工作的时候就

① 赵美娟、王会花：《外语院校人才培养方案的优化探索——基于对毕业生调查的研究》，《外语界》，2016年第3期，第42页。

可以缩短磨合期，至少他们已经掌握了这一领域初步的相关知识。

我们认为这种理论学习可以从两种方面开展：

第一种，根据学生的兴趣爱好设置课程。

兴趣是最好的老师，如果学生在某一方面喜好，那么他就会有学习和了解的动力，在求职的时候寻找相关领域的工作。这种理论学习要通过辅修、双学位、自学的办法来完成，因为每位同学的兴趣爱好不同。

第二种，根据现实的需要设置课程。

阿拉伯语专业可以开设某一领域的理论课，根据国家、地方之需求，根据现有教师所擅长的专业，如语言学、翻译学、文学、区域与国别研究、社会文化等，将专业老师所研究的方向和教学结合起来，让学生可以从专业老师的最新研究成果中受益，也可以促进专业教师科研的热情和积极性。

完成其他学科理论学习的途径：

1. 辅修、双学位。现在各个大学都开设了辅修和双学位的课程，学生可以在本校选择辅修和双学位来学习，对自己感兴趣而本校没有的专业和学科，学生可以在本市其他院校学习。

2. 自学。通过网络上的微课、慕课、远程视频教学等方式，通过阅读书籍、资料等方式来学习自己感兴趣的学科。

3. 通过本专业自主选课，让学生真正实现自主选课，选自己想上的课。

通过这些途径来实现教育的个性化需求和多样化发展。“按照国家主体功能区战略定位，高等教育的结构类型由‘金字塔型’向‘五指山型’转变，多样化发展已成为高等教育最显著的特点。”①

2.3 第三层次：多重复合型人才

第三层次是语言和多学科相互融合。这一层次培养的是精英型人才。“目前，我国的高端复合型外语人才还十分缺乏，亟需加强培养。”②

①吴岩：《抓好教学“新基建”培养高质量外语人才》，《外语教育研究前沿》，2021年第2期，第4页。

②杨建国、崔玉晶：《“双一流”建设背景下外语人才培养模式探究》，《北京教育(高教)》，2018年第6期，第44页。

在2018年全国教育大会上，习近平总书记指出，要大力培养掌握党和国家方针政策、具有全球视野、通晓国际规则、熟练运用外语、精通中外谈判和沟通的国际化人才，要有针对性地培养“一带一路”建设急需的懂外语的各类专业技术和管理人才。教育部部长陈宝生在全国教育工作会议上的讲话中提到，要大力推进医学与理工文等学科交叉融合。各学科的交叉融合成为了大势所趋，是未来发展的方向。阿拉伯语专业也应大力推进与其他学科的交叉融合。外语学科的学科交叉融合主要包括三方面：一是外语与人文学科内部学科的融合，如外语+历史、外语+哲学等；二是外语与社会科学的融合，如外语+政治、外语+经济、外语+法学等；三是外语与理工科学的融合，如外语+大数据、外语+人工智能等。[①]

专业依托的学科越少，专业口径就越窄，依托的学科越多，专业的口径就越宽。[②]阿拉伯语专业急需和其他学科交叉融合。新文科有三种融合的可能，即学科/专业融合（包括人文学科内部融合、人文与社科融合、人文与理科融合）、专业与新技术融合和人才培养产学研融合。其目标是培养高端研究性/应用型/综合型语言服务人才。[③]现在全国阿拉伯语专业都在为自己寻找一个特色，四川外国语大学阿拉伯语专业战略特色应为“语言群+X”，“X”指的是语言学、文学、历史学、区域与国别研究等其他学科专业方向。教师除了掌握阿拉伯语外，还至少要有一门擅长的学科。学生在掌握阿拉伯语的同时，也应该有擅长的学科。每个学生的兴趣都是不同的，中央鼓励围绕激发学生学习兴趣和潜能深化教学改革，“语言群+X”这种特色就是在坚持统一性前提下，即在掌握阿拉伯语基本语言技能的基础上，为每个学生提供适合的教育，即让每个学生选择自己的兴趣所长。大一新生一入学就会分配导师，将

①王宏、王军哲、罗林，等：《外国语言文学学科高质量发展的路径》，《北京第二外国语学院学报》，2020年第4期，第12页。

②陈治亚：《高水平行业高校建设一流专业的思考》，《中国高校科技》，2016年第6期，第4页。

③刘和平、韩林涛：《新文科背景下融合型语言服务人才培养模式》，《外语教育研究前沿》，2022年第4期，第27页。

每位导师所擅长的“X”公布，允许学生根据自己的喜好和擅长的“X”选择相应导师。比如，喜爱、擅长文学的学生就选择“X”为文学的导师。导师对学生的充分指导可以显著提高学生的科研水平，樊晓燕对外语学科博士生科研水平的研究表明，“导师一周指导时间为3小时以上的同学的平均得分要显著高于指导时间为1—2小时和1小时以下的，与指导时间为2—3小时的无显著差异。这说明外语学科博士生导师每周的生均指导时间以2小时以上为宜。”①上述研究是对博士生而言的，导师对本科生和硕士生的最佳指导时长也是非常值得探讨的。

第二、三层次的复合型人才除了“语言+其他学科”这一内涵外，还有一层内涵，那就是“服务国家+区域战略发展需求”②的复合，这是借鉴海外一流高校外语专业培养方案的总结。最后培养出的人才要形成一个橄榄形的结构，中部的人数多，上、下部的人数少。中部是第二层次的复合型人才，下部是第一层次的单一语言型人才，上部是第三层次的多重复合型人才。人才培养的目标是压缩第一层次，扩大第二和第三层次。这种人才培养的橄榄型结构能够为社会源源不断地提供高素质、创新型人才，维护社会稳定，促进社会、国家的创新、发展。

的确，理想化的教学要面向所有学生，不能只关注其中一部分。分班授课制中出现好、中、差学生是自然规律，不可避免，教师不应该也不可能期望所有的学生都能达到同等水平。橄榄型的人才培养结构符合自然规律，是合理的。

下面用图例的方式说明新时代阿拉伯语专业人才培养的结构图，如图3所示：橄榄型的人才培养结构。

①樊晓燕：《新文科背景下我国外语学科博士研究生科研能力实证研究》，《西安外国语大学学报》，2023，31（02）：65.

②王雪梅、赵双花：《“一带一路”沿线一流高校外语专业/课程设置研究》，《外语界》，2019年第6期，第60页。

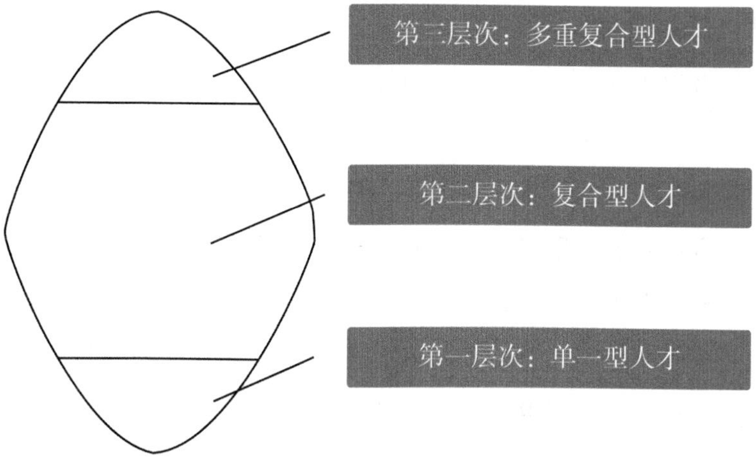

图3　橄榄型的人才培养结构

2.4 复合型人才的培养重点

在“语言群+X”体系中的“X”中，“一带一路”沿线阿拉伯国家研究是重中之重。“一带一路”沿线阿拉伯国家研究应该属于国别区域研究领域。国别区域研究是针对特定国家或区域的人文、政治、经济、社会等展开的研究，具有全面性、及时性、深入性和战略性等特征。“一带一路”倡议是我国在新的历史条件下实行全方位对外开放的重大举措，决定着我国未来的国际地位，直接影响中国参与全球治理的程度。阿拉伯国家是“一带一路”重要的节点国家，是亚非欧三大洲的交汇处，战略位置极其重要，对“一带一路”倡议有重要意义。“‘一带一路’的深度融合与合作，政府间的人文交流和项目决策与谈判，我国与被投资国都需要高端复合型外语人才，我国由于缺少懂外语的法律人才、金融人才和区域研究人才，在海外并购中失败的例子并不少见。”[①]所以，研究“一带一路”沿线阿拉伯国家就是我专业未来一个时期内工作的重点。

①杨建国、崔玉晶：《“双一流”建设背景下外语人才培养模式探究》，《北京教育(高教)》，2018年第6期，第44页。

2.5“五通人才”和复合型人才的关系

有的学者提出培养阿拉伯语专业的五通人才，“‘一带一路’倡议的提出为五通人才培养指明了方向，对中国外语院校而言，当前人才培养的主题目标之一应是懂语言、通国别、精领域的国别区域人才。”①所谓“五通”，就是政策互通、设施联通、贸易畅通、资金融通、民心相通。这“五通”是2015年3月，经国务院授权，国家发展和改革委员会、外交部、商务部共同发布的《推动共建丝绸之路经济带和21世纪海上丝绸之路的愿景与行动》文件中提出来的。阿拉伯国家是共建“一带一路”重要国家和地区，阿拉伯语专业要为“一带一路”倡议提供人才支持，培养“五通人才”非常必要，“五通人才”的核心便是懂语言、通国别、精领域。教育部在2016年7月出台的《推进共建一带一路教育行动》中也明确提出要“培养大批共建‘一带一路’急需人才，支持沿线各国实现政策互通、设施联通、贸易畅通、资金融通”。

国际化创新型外语人才是目前国内很多外语院校人才培养的目标，五通人才实际上也是国际化创新型外语人才。国际化创新型外语人才指的是“（1）良好的语言基本功。这是外语专业人才首要的业务素质，没有扎实的语言基本功，国际化也就成了空中楼阁。（2）完整、合理的专业知识结构。这要求外语专业人才具有全面的知识结构，通晓国际惯例，熟悉、掌握相关领域专业知识。（3）创新思维能力和分析解决问题的能力。外语专业人才的创新型应该说更多地表现为他们的批判性思维能力。（4）具有国际视野，通晓国际规则，能够参与国际事务和国际竞争。这要求外语专业人才具有较强的跨文化沟通能力。”②总体来看，国际化创新型外语人才的4个要求和能力在实现“五通”的过程中都是必不可少的，外语水平、复合型的知识结构、解决问题的能力、跨文化沟通能力，这些都是必要的。所以说国际化创新型的外语人

①陈杰：《国别区域人才培养视角下，阿语本科教材体系拓展的思考》，《当代阿拉伯研究 阿拉伯语语言文学学科发展与课程建设专辑》，刘欣路、吴晏雁主编，北京师范大学出版社，2018年，第3页。

②庄智象、韩天霖、谢宇、孙玉、严凯、刘华初：《试论国际化创新型外语人才培养的教材体系建设》，《外语界》，2013年第5期，第45-46页。

才是实现“五通”的必要支持，培养“五通人才”就是培养国际化创新型的外语人才。

通过上述对“五通人才”的论述，我们认为“五通人才”也属于多重复合型人才的范畴。

2.6 做好本科和研究生的衔接

阿拉伯语一流专业的人才培养体系有两层，第一层是一流的本科教育，这是基本和根本，要全面坚持以本为本。第二层是一流的研究生教育，包括硕士教育和博士教育。在保证培养一流的复合型人才的基础上，重点培养精英型多重复合型人才。本科和研究生阶段要做好衔接，推荐优秀的学生走本硕连读途径，一方面缩短教育年限和国际接轨，另一方面有利于学生专注于本专业知识的学习，在更短的时间内培养出更优秀的人才。“今后，推动高质量发展必须实实在在地成为确定思路、制定政策、分配资源的根本要求。”① 这意味着是否能够培育精英人才，是否能够培养党和国家事业迫切需要的优秀人才，成为衡量教育质量的标志。为党和政府培养精英人才也是高等院校义不容辞的责任。

2.7 培养未来的人才

新一轮科技革命与产业变革正在引发世界格局的深刻调整，重塑国家竞争力在全球的位置，重构人们的生活、学习和思维方式。新一轮科技革命与产业变革指的是第四次工业革命，即“工业4.0”，它将会以电子控制的机械系统为代表。第四次工业革命涉及的最重要领域有：人工智能、3D打印、无缝网络、超级移动计算、智能机器人、自动驾驶汽车、基因分析。从2015年到2030年，第四次工业革命将会冲击全球的工业和劳动力市场。在发达国家的劳动力市场上，一些工作将会消失，一些新的工作将会出现，产品的竞争将会越来越激烈。而这些将会给发展中国家带来负面的影响，这些影响是：

①陈宝生：《在全国教育工作会议上的讲话》,《中国高等教育》，2018年5月，第10页。

劳动力市场的需求将会改变，只有增加产品的附加值才能提高产品的竞争力。由于共享技术和经济的发展，在未来的10年，现有职业中的35%将会消失；在未来的25年，现有职业中的47%将会消失。人工智能近年发展迅速，这种技术也被应用在翻译领域，在某些领域，人类翻译将面对人工智能翻译的挑战。阿拉伯语专业要把握好战略机遇，适应新技术、新产业、新业态、新模式对新时代人才培养的新要求。阿拉伯语专业培养的人才要适应未来社会对人才的要求，要为未来新兴的职业培养人才，绝不能为将要消失的职业培养人才。“在新文科建设中，高等外语教育不能缺位，必须要超前意识、积极应变、主动求变，要有大格局、大胸怀，把全球发展收在眼底，把中国发展刻在心里，把高等教育发展担在肩上，把外语教育创新发展扎扎实实地落在脚下，努力培养经济社会需求人才、行业发展领军人才、国家战略未来人才。”[①]

2.8 人才的国际化

国际化的程度也是衡量一个专业是否一流的标准之一，国际化程度的深化要求扩大教育开放，同世界一流资源开展高水平合作办学。

1980年，美国卡内基高等教育政策研究理事会主席克拉克·科尔（Clark Kerr）提出了“高等教育国际化”这一概念。国内的“改革开放”政策开启了教育领域走向国际的大门，特别是1984年邓小平提出三个面向（即教育要面向现代化、面向世界、面向未来）之后，我国教育领域之门才真正被打开。我国阿拉伯语专业在建立之初就有国际化的属性，如北京大学、北京外国语大学阿拉伯语专业的建立者马坚、纳忠都有在埃及长期留学的背景，之后，这种国际化的程度不断加深，虽然文革中断了一个时期，但在改革开放后，国际化程度一直在不断加强，主要体现在交换留学生、教师海外留学工作背景、引进外教、与海外院校的交流合作、与海外的学术交流等。

阿拉伯语专业的国际化主要应关注下面三个方面：

①吴岩：《抓好教学“新基建”培养高质量外语人才》,《外语教育研究前沿》，2021年第2期，第5页。

第一，学生层面的国际化。首先，将中国学生送出去。一方面，充分利用国家留学基金委的公派留学名额，派遣优秀学生前往阿拉伯国家高校学习。另一方面，通过世界权威大学排行榜，了解阿拉伯世界排名靠前的高水平大学，积极主动联系他们，建立交换生制度或自费留学等多种模式，为每一位本专业学生创造出国留学的机会。其次，将阿拉伯国家学生请进来。在政府和学校政策的范围内，推动中方和阿方学生的互换交流，推动阿方学生来中国留学，积极参与打造“留学中国”品牌。世界上有些国家的领导人曾在美国留学，这些领导人在执政过程中显现出了美国文化和美式思维对其本人的影响，甚至造成了部分领导人的亲美立场。中国若想在阿拉伯世界有更大的影响力，在阿拉伯世界有更多的朋友，应促使更多的阿拉伯人来中国留学。

第二，教师层面的国际化。鼓励本专业教师出国攻读学位，以访问学者身份进行学术交流，参加国外举办的学术论坛并发言。

第三，专业层面的国际化。和阿拉伯国家高水平大学进行互访，进行学术交流活动。

2.9 改革人才选拔机制

在这方面我们有经验可以借鉴，北京外国语大学在2016年已经在本科生招生环节启动了综合评价录取招生。依据高中毕业生的高考成绩、能力测试成绩，二者以7：3的比例算出总分排列，从高到低录取。这样做的目的是为了选拔出有外语学习天赋、有创新潜质和良好综合素质的人才。

在以往的外语教学中我们发现，有些学生不适合学习外语，他们学习起来很吃力、很痛苦，厌学、弃学，每一届或多或少都有这样的学生。这说明我们的录取标准存在着问题。如何能够将喜欢学外语、学得好外语的学生招到外语专业，这是一个值得所有外语专业思考和实践的课题。北京外国语大学已经率先进行了有益的改革和尝试，其他外语院校也应该根据自身和本地的条件和特点进行改革。其目的就是更好地辨识“原材料”，通过某种手段看出一个学生是不是学外语的料。

2.10 将阿拉伯语教育下沉至中学、小学、幼儿园

实行“阿拉伯语+”的人才培养模式是大势所趋，如何保证学好语言的基础上再学习其他学科的知识呢？也就是如何解决外语学科范畴和研究范式扩延导致的语言技能受重视程度降低问题。

以前，阿拉伯语专业的学生在四年的时间里把语言学好就行了，而未来的趋势是不光要学好阿拉伯语，还得跨学科再去学习。阿拉伯语本来就是一门难学的语言，说它难学，一方面是因为大学生在入学的时候都是零基础，且已过了2—12岁这一最佳语言学习阶段，大脑对第三语言（对中国的绝大多数大学生而言第二语言是英语）的信息处理会变得迟钝，再加上学习者的情感问题，诸如学习态度、学习动机、学习能力、学习策略等，母语和第二语言的干扰等多方面因素综合作用。当然，以上所说的这些困难并不是阿拉伯语学习者所独有的，像法语、德语、西班牙语等其他外语专业学生也多多少少会有这样的问题，这是共性的因素。除了共性的因素之外，还有一些特性的因素导致阿拉伯语难学，比如“联合国教科文组织曾经公布过世界上十大难学语言的名单：第一名汉语，第二名希腊语，第三名阿拉伯语……联合国已经将其定性为难学语言。”[①]总的来说，语言越古老越难学，今天的阿拉伯语和一千多年前的阿拉伯语在发音、字母、语法等方面没有太大变化。用四年的时间把它学好已经很不容易了，现在还要加上别的学科。学习其他学科的知识肯定要占用阿拉伯语学习的时间，因为课时是有限的，自主学习的时间也是有限的，如何保证有限的时间被其他学科学习占用的情况下阿拉伯语水平不下降呢？

一种解决办法就是将阿拉伯语学习下沉到中学、小学、幼儿园，学生从小一直学习阿拉伯语，且对阿拉伯语有兴趣，大学后考入阿拉伯语专业，在上大学前就有了一定的阿拉伯语基础，相比起零基础的同学，这些学生花费在语言上的时间少，可以用更多的时间学习其他学科的知识，也可以在学分

①潘雷：《浅析阿拉伯语高等教育特点》，《高等教育教学改革研究（第四辑）》，王鲁男主编，重庆出版社，2017年，第226-227页。

制的框架下提前修满学分毕业。这样的学生会成为人才培养中的精英、高级复合型人才。

如果这样的学生足够多，我们还可以单独设一个同传班，在这方面其他语种有成功的经验可资借鉴。比如日语，那些从小学到中学都学日语的学生，进入大学后直接进入日语同传班。都是进入日语系，试问一个同传班的学生和一个零基础的学生，从理论上来说的话，哪一个未来的语言水平更高呢？这是不言而喻的。那些在各行各业有成就的人很多都是从娃娃抓起，比如钢琴演奏家郎朗、台球运动员丁俊晖、足球运动员舍甫琴科……他们都是从小就接触这一领域的。

目前，阿拉伯语学习已经下沉到了中学阶段，但是并不普及，极少数的中学开设了阿拉伯语课程作为其校本课程，如北京市第一零九中学、北京汇文中学、成都北京第二外国语学院附属中学、中央民族大学附属中学、苏州外国语学校、山东省青岛第九中学等。

新中国成立后的前三十年，就有小学、中学教授阿拉伯语，目前有一些阿拉伯语界的老专家就是从小学开始学习阿拉伯语，大学又进入阿拉伯语专业学习，其在语言学习方面具有先天的优势。后来随着改革开放，我国外语界开始向英语等西方国家语言靠近，小学、中学教授阿拉伯语的现象逐渐消失。现在，英语等西方语言又出现逐渐退潮的迹象，各小语种纷纷在各个院校开办起来，英语一家独大的局面将会慢慢衰弱下去，外语多元化将是未来的发展趋势。目前小学、中学都是学英语，以后可选择的外语将会变多，上述中学已经开始了改革，走在了前面。

就未来语言发展的趋势来讲，2015年美国的《华盛顿邮报》撰文称，未来商业界语言学发展的方向将会从欧美转向亚洲和中东，阿拉伯语将会是未来主导新兴市场的语言之一，如果你想从语言课程中获得高回报，那么学习阿拉伯语将不失为一个良策。[①]

① 《美媒：哪些语言会主导未来？》，新华网，http://www.xinhuanet.com/world/2015-09/29/c_128279045.htm，2015年9月29日。

像阿拉伯语这样的非英语类外语在中学、小学甚至幼儿园的推广还需要国家、地方的教育、升学政策的配套。如在升学中将其作为加分特长，如大学阿拉伯语专业招生时对中学就学阿拉伯语并有一定水平的学生做一定政策倾斜，比如中学阿拉伯语成绩优异者保送重点大学的阿拉伯语专业。这些政策是很重要的，需要多方面的呼吁和奔走，因为“面对中考和高考的压力，小语种的学习如若本身不能对升学有实际帮助，许多人还是敬而远之的。”①

重庆目前还没有中学开设阿拉伯语课程，在这方面我们应该赶上来。在这方面最有优势的是四川外国语大学，可以借助学校的多种外语人才资源，建设重庆各个中学的非英语外语校本课程。这对大学毕业生的就业也是有帮助的。考虑到川渝地区的人恋家的特点，这也有助于他们在家乡就业。可以先在一两所中学做试点，如重庆外国语学校（川外附中），然后再向其他中学推广。值得注意的是，作为北京外国语大学附属青岛外国语学校（青岛第九中学）和成都的北京第二外国语学院附属中学都已经开设了非英语外语校本课程，四川外国语大学也有附属的外国语中学，也有能力开设非英语外语校本课程。这也正是实践周总理所说的“多语种、高质量、一条龙，外语学习要从小抓起”的理念。

2.11 求知欲对人才培养的重要性

“求知欲是人的一种内在精神需要，即认知的需要。求知欲作为一种意向活动，带有强烈的情感色彩，并将人的认知潜能指向认识世界、取得真知和探索真理。”②求知欲是人的认知本能，是与生俱来的，有的人求知欲天生就强，有的人求知欲天生就弱。

“研究表明，在教学过程中激发学生的求知欲望，能极大提升学生的求知热情，使其产生自主学习的巨大动力，从而围绕学习目标采取一切学习行为

①孙雪梅：《高中阿语校本课程的现状研究与发展探析》，《当代阿拉伯研究 阿拉伯语语言文学学科发展与课程建设专辑》，刘欣路、吴晏雁主编，北京师范大学出版社，2018年，第72页。

②雷长柱：《创新型人才培养与学生求知欲良性互动机制的构建》，《教育评论》，2015年第3期，第21页。

去搜集、整理和接受各种有效信息，并在此过程中对知识进行自我的意义建构。”①

孔子说：“知之者不如好之者，好之者不如乐之者。”“好之者”和“乐之者”都是具有求知欲的人，“乐之者”的求知欲比“好之者”更强烈，可见求知欲对一个学习者的重要性。激发大学生的求知欲，让他们自发地去学习、求知，这样一来学生学习效果事半功倍。

孔子在《论语》中还说：“不愤不启，不悱不发。”这里指的是“学生内心求知欲郁积到最为饱满的状态，在这个状态下进行启发教学，可以激发学生自主参与学习的兴趣和主动性，可以使学生取得最优学习效果”。②“孔子的这个观点，符合教育学和心理学的基本原则。从接受心理的角度，如果在学生求知欲不强的时候强迫学生学习，不仅无法取得好的学习效果，反而会使学生丧失学习的兴趣。”③

“强烈的求知欲望是大学生学习知识、探求真理的基本动力。事实证明，在科学创造方面做出较大成就的人，往往具有比一般人更强烈的好奇心和求知欲。正是这种求知欲望，推动他们顽强地打开知识的宝库，激励他们勇敢地攀登科学高峰。”④“面向创新的教育，应该从教人知识转向激发学生的求知欲望。”⑤“科学研究表明，一项创新成果的发明，智力因素最多占30%，而情商尤其是求知探索的动机因素占50%以上。”⑥

求知欲对培养高水平外语人才来说有着极其重要的现实意义。

求知欲作为人的认知本能，虽然是人人都有的，但要将求知欲引导至外

---

①罗坤晔、王健、徐海山：《关于激发高校学生求知欲的研究》，《科技信息》，2013年第21期，第20页。

②陈晓强、徐秀兵：《<论语>“不愤不启，不悱不发”解——兼谈启发式教学思想》，《甘肃联合大学学报（社会科学版）》，2006年，第2期，第77页。

③陈晓强、徐秀兵：《<论语>“不愤不启，不悱不发”解——兼谈启发式教学思想》，《甘肃联合大学学报（社会科学版）》，2006年第2期，第79页。

④员大强：《试论学习态度与大学生成才的关系》，《西安联合大学学报》，2004年第6期，第108页。

⑤李建中：《美国大学的创新教育及启示》，《创新与创业教育》，2012年第3卷第4期，第105页。

⑥涂铭旌：唐英、张进、孟江平：《创新型人才培养的思路、方法及路径（一）》，《西华大学学报（自然科学版）》，2012年第4期，第3页。

语学习的方向上来，则需要经过后天的激发、培养和引导。如何激发、培养和引导学生的求知欲呢？

以解决问题为导向。

“传统的教材编纂法属于显示完美式的教材编纂法，为显示教材的权威性而将相应领域的所有问题都尽量解决掉，或采取各种方法尽量回避或隐藏相关问题，乃至尽量避免在教学实践中激发学生对相关问题的思考，这不仅抑制了学生的求知欲望，而且不利于学生创新意识和创新能力的培养。”①于是乎，用新理念编纂新教材就成了当务之急，新的教材一定要体现以问题为导向，让学生有解决某个问题的冲动，而解决这个问题又要求学生对该领域知识的情况有充分的认识和了解，进而激发学生了解学习相关知识的欲望。以解决问题为导向也可以体现在教师的课堂和布置的作业中。

上面所说的是对外语人才培养的构想，但在实际的人才培养中肯定会遇到困难。学生的外语水平是可以达到一定程度的，但是培养跨学科的人才有很大挑战，虽然今天国内的外语院校都向多学科的方向发展，学校内部也有众多的非外语学科，但是跨学科牵扯到学制、学时、资源等一系列问题，要真正实现起来难度不小，而且涉及的学科众多，如政治学、历史学、经济学、法学、传播学等等。如我国对外输出基础设施建设，需要外语人才懂得建筑方面的知识，但外语院校没有建筑专业；我国在阿拉伯国家的人民币本币互换工作要求外语人才掌握经济金融知识。所以对理想化的人才培养是外语院校努力的方向，需要政策的支持、资源的分配、培养方案的调整、课时的分配、学制的改变等一系列的改革。

①杨英法：《显示问题式教材编纂法构想》，《河北工程大学学报（社会科学版）》，2006年第4期，第27页。

第四章　教学理论和方法

在教学方面，“苏联的著名教育学家凯洛夫的教育学提出了经典的五步教学法：准备上课、复习旧知、讲授新知、巩固新知、布置作业，教师是整个教学活动的主动者、主导者，学生是被动者、接受者。这种模式在中国至今处于支配地位。”[①]在这种背景下，“学校课堂上普遍存在虚假学习和游离学习，其结果是课堂教学效率低，学习效果差。”[②]教学需要改革，需要在充分理解、消化、批判性地吸收20世纪最流行的外语学习理论和外语教学理论的基础上，采用能够体现时代性和创新性的教学方法，如慕课、翻转课堂、对分课堂等。教学改革要在充分研究国内外现有教学方法的基础上进行，要对这些方法进行深入研究和对比，弄清楚每个教学方法的优势和劣势，是否适合阿拉伯语教学，适合哪种课程的教学。在教学改革的过程中要吸收既有改革的经验，循序渐进，先将非主干课程作为改革试验田，取得成效后再推广到主干课程。在保证既有教学水平的基础上进行改革来提高教学水平。

同时要大力推动“互联网+教育”。“互联网+”催生了一种新的教育生产力，打破了传统教育的时空界限和学校围墙，引发了教育教学模式的革命性变化。“互联网+教育”正在成为世界各国争夺下一轮高等教育改革发展主导权、话语权的重要阵地和焦点领域，在这方面我国与世界高等教育强国在起步阶段就站在同一条起跑线上。在我国5G技术世界领先的背景下，我国的“互联网+教育”相对于其他国家还有优势。阿拉伯语专业要打造更多精品慕课、微课，推动优质资源开放共享，推动教师用好慕课、微课和各种数字化资源，入选1万门国家级和1万门省级一流线上线下精品课程。比如线上线下

①袁振国：《学校教育需要进行一场结构性变革》，http://www.cz24.czedu.cn/html/article932608.html

②张学新：《对分课堂 中国教育的新智慧》，科学出版社，2017年，第2页。

融合课，这不是简单地把课程从线下搬到线上，而是用更加直观和可视化的方式呈现教学内容，增加图解和图案成分，以增强理解和记忆。可以说，图像化和可视化是这些课程改革的重要内容，是下一代的大学生能够接受或者更容易接受的教育模式。①

而在新文科的大背景下，融合型教学模式可谓合作型教学模式，不仅基于大学生的心理和认知发展特征，更是培养其辩证逻辑思维、创造性思维、学习和运用知识的能力的途径和手段。②

我们总结了目前使用的外语教学方面的理论和方法，下面对各种理论方法做一简要介绍，在分析这些理论方法优劣的基础上提出我们认为可行的外语教学策略。

一、外语教学理论

1. 建构主义教学理论

该理论强调学生在学习过程中的主体地位，认为教学仅仅是以学生现有知识为基础，引导他们产生学习兴趣。学生是学习的主体，是学习意义的主动建构者，而不是知识灌输的对象。传统的教学以教师为主体，学生被动接受信息，不能充分发挥主体能动性，从而产生厌学情绪，不利于教学质量的提高。项目导向型教学法就是建立在建构主义教学理论基础上的一种教学模式。

2. 语言的输入和输出理论

教学方法改革都依托语言的输入和输出理论。语言输入理论（Input

① 张剑：《外国语言文学的学科边界与“新文科”的交叉融合》,《上海交通大学学报（哲学社会科学版）》, 2023年第1期，第109页。

② 刘和平、韩林涛：《新文科背景下融合型语言服务人才培养模式》,《外语教育研究前沿》, 2022年第4期，第28页。

Hypothesis）是先出现的，在20世纪80年代，由美国加州大学的克拉申（S. D. Krashen）提出。该理论认为语言学习者语言能力的提高是通过可理解的输入来完成的。该理论提出后国内外学者对其提出了质疑和批判，如胡文仲、朱治中、B. McLaughlin、K. Gregg等，这些学者认为卡拉伸的理论片面注重输入，而忽略了语言的输出。随后，语言的输出理论（Output Hypothesis）在1985年应运而生，提出者是加拿大多伦多大学安大略教育学院的梅瑞尔·斯维因（Merrill Swain）。该理论对输入理论作了有益的补充，认为语言水平的提高除了需要可理解的输入外，输出也是必要的，输入是输出的前提和基础，输出使输入内化，二者相辅相成，缺一不可。①

3. 任务式教学法

任务式教学法也被称为任务导向教学法（Task-Based Approach），是1987年由印度语言教育学者Prabhu提出的。该理论主张：语言学习者能在解决一项“非语言性任务”，即“交际”或“解决问题”的过程中，习得语言的应用。就是通过任务组织教学，在任务的履行过程中，以参与、体验、互动、交流、合作的学习方式，充分发挥学习者自身的认知能力，调动他们已有的语言资源，在实践中感知、认识、应用目的语，在“做”中学，“用”中学。

4. 语块（词块）理论

语块的概念最早由Becher在1975年提出，他否定了单词是语言存储、输出和使用的最小单位，指出语块才是这一最小单位，语块就是固定或半固定模式化的板块结构，既有词汇的特征，也有语法的特征。Pawldy和Syder在1983年用“词汇化句干”来指称那些形式和内容都基本固定的结构。Nattinger和DeCarrico1992年指出，语块是约定俗成、搭配稳定、语用功能特

① 王郑平：《语言输入、输出理论与大学英语教学》，《郑州航空工业管理学院学报（社会科学版）》，2017年第1期，第136—137页。

定，且在交际中频繁使用的词汇短语（lexical phrase）；1993年Lewis将语块定义为预制好的词块，无需临时根据语法规则和词语当场构建词句；2002年Wray将语块界定为“一串预制的连贯或不连贯的词或其他意义单位，整体储存在记忆中，使用时无需语法生成和分析，可直接提取的词语程式”。尽管学者们的表述不同，但基本上都认同其三个本质特点：（1）结构相对固定；（2）整体预制；（3）易于提取。从分类上来说，Pawldy和Syder将语块分为多词词汇、惯用表达式、短语限制语、句型框架。Nattinger和DeCarrico将语块分为多元语块、俗语语块、短语架构语块、句子框架语块。Lewis则将语块分为单词和多词组合（聚合词）、搭配词、固定表达、半固定表达。

语块理论应用在阿拉伯语教学中尚处于摸索阶段。魏启荣在《语块视角下的阿语口译教学研究》一文中指出语块在阿拉伯语口译教学中的重要作用和对阿拉伯语口译教学的启示。[①]李小卫研究了词块在阿拉伯语教学中的应用，从阿拉伯语学习规律、词汇记忆、阿拉伯语的流利性和连贯性、阿拉伯语的准确性和得体性这四个方面分析了词块在阿拉伯语教学中的优势。从培养词块意识、促进内化和积累、输出这三方面给出了词块在阿拉伯语教学中的应用策略。[②]

5. 母语迁移理论

迁移（transfer）理论源自20世纪四五十年代美国普通心理学领域，人们研究迁移在获取知识过程中所产生的影响。根据迁移理论，学者提出了母语（first language）迁移的观点。母语若和目的语的语言规则一致，则是正迁移（Positive Transfer），促进目的语的习得；若母语和目的语的语言规则相悖，则是负迁移（Negative Transfer），阻碍目的语的习得。

---

①魏启荣：《语块视角下的阿语口译教学研究》，《当代阿拉伯研究 阿拉伯语语言文学学科发展与课程建设专辑》，刘欣路、吴晏雁主编，北京师范大学出版社，2018年，第178-179页。

②李小卫：《词块在阿语教学中的应用》，《当代阿拉伯研究 阿拉伯语语言文学学科发展与课程建设专辑2》，刘欣路、吴晏雁主编，北京师范大学出版社，2019年，第82-96页。

6. 错误分析理论

此理论的前提是区分错误（error）、失误或差错（mistake）、口误或笔误（lapse），强调错误才是值得研究和关注的。Corder提出了错误分析理论，对错误的类型进行了详细的划分，如显性错误（overt errors）和隐性错误（covert errors）。显性错误是受母语影响所出现的明显的语法错误，如中文中词性不分阴阳性，但阿拉伯语中要分，很多时候要求阴阳性一致；隐性错误也被某些学者认为是语用错误（pragmatic error），指的是语法没有错误，但在具体的交流环节中有错误，如对地位高的人提出要求用了“I want”，这是不合适的，应该用“May I”这种客气的说法。

Corder又将错误划分为语言能力错误（error of competence）和语言使用错误（error of performance）。语言能力错误中又分出语内错误（intralingual error）和语际错误（interlingual error）。语内错误指的是以为一种规律在一种语言内放之四海而皆准，如以为英语名词的比较级都是-er，不知还有名词前+more；语际错误指的是用母语的规则套在目标语身上，如中文结构多为主谓宾，便以为阿拉伯语结构也如此，不知阿拉伯语多用谓主宾的结构。

7. 翻译模因论

模因论（meme）起源于生物学词汇“基因”（gene），模因研究开始于20世纪70年代的英国，由牛津大学的动物学家和行为生态学家理查德·道金斯（Richard Dawkins）在其1976年出版的著作《自私的基因》（*The Selfish Gene*）中首次提出。作者借助“基因”这一生物学领域的概念提出了存在于人类文化传播中的复制因子——模因。理查德·道金斯认为，模因是一个文化传播单位和模仿单位，可以在人的大脑之间进行复制和传播，类似于生物基因的遗传方式。包括文化、语言范畴内的可以通过“模仿”而被“复制”并得以传播的东西——如乐曲、手机病毒、服装款式、装修样式等——都可以被称为模因。

最早将模因论与翻译理论联系在一起的是芬兰赫尔辛基大学的学者安德鲁·切斯特曼（Andrew Chesterman）。他将翻译研究当成模因论的一个方面，认为有关翻译和翻译理论的观点和概念都属于翻译模因的范畴。他认为，模因在同一文化中是通过模仿特别是借助语言来传播的，如果想实现模因在跨文化中的传播，就必须要通过翻译了。翻译过程就是将源语的文化和语言模因向译语复制和传播的过程。

比利时学者弗朗西斯·海拉恩（Francis Heylighen）提出了模因的复制要经过四个阶段：同化、记忆、表达、传播。

同化阶段指的是，一个模因像食物在人体内被消化掉一样，被宿主注意、理解和接受的过程。在这一过程中，模因因为其特性被宿主关注到，然后宿主把呈现的模因纳入自己的认知范畴，并进入思维模式进行兼容。

记忆阶段指的是，模因在宿主记忆中保留时间的长短。任何一种模因都需要在大脑中停留一段时间，停留的时间越长，被宿主记忆的可能性就越大，完成后续表达和传播的可能性也越大。

表达阶段指的是，在与其他个体交流时，模因从宿主记忆中被提取出来，转化为受体可以接受的模式的过程。模因被提取的最主要渠道便是语言输出，是将内在转化成外在，将输入转为输出。

传播阶段是表达阶段的外延，指的是模因借助各种载体进行传播的过程。翻译就是人类借助语言进行模因复制和跨文化传播的活动。

二、外语教学方法

1. 慕课

慕课的英文全称是Massive Open Online Course，英文简称是MOOC，慕课是英文简称的音译，指的是大规模开放的在线课程。顾名思义，其最主要的特点是规模大、在线、开放。慕课强调在高校外语教学过程中以学生为中心，并且颠覆了传统的教育理念和模式。学习者可以不受时间和地点的限制而随时使用网络资源，学习时间也不同于传统课堂的45分钟，一般慕课平台上的课程多为10分钟左右，这样使得学生能够在学习过程中保持注意力高度集中，避免因学习时间过长而导致的疲惫。

慕课又分为cMOOC和xMOOC，cMOOC基于连接主义（connectivism），而xMOOC基于行为主义（Behaviorism）。根据英国JISC-CETIS的报告：cMOOC基于连接学习和合作学习，学习者具有相同兴趣爱好，致力于探索课堂教学以外的新教育观，建立在高等教育激进理论之上（tend to exist on the radical fringe of HE）。xMOOC 则是校园教学模式的拓展，该模式基于颇具争议的“视听法”的“操练教学模式”之上，学习者观看视频、完成小测验和测试。[①]对大学的阿拉伯语教育来说，xMOOC更有讨论价值。

慕课这种教学模式适合外语专业吗？这是我们阿拉伯语界所关心的问题。

语言类慕课的主要挑战是语言学习是基于技能而非基于知识，而技能训练要求和其他学习者进行协作学习，但目前的大多数语言类慕课采用的是教学主义(instructivist) 方法，不一定促进协作学习。[②]蒋艳、马武林指出，通过大学英语慕课来提升所有学生的语言综合能力确实很难，目前国内外并没有一家慕课平台能够完美支持语言类课程。[③]韩艳辉指出，目前，关于外语类课程的慕课适用性的研究较少，综合来看，可能侧重于技能训练的外语类课程并不太适合目前的慕课，而更适合小规模的SPOC（Small Private Online Course）。[④]一方面，是学者对外语慕课教学的质疑，而另一方面，中国高校外

①蒋艳、马武林：《论大学英语慕课建设应该避免的误区》，《外国语文》，2018年第1期，第155页。

②转引自Motzo，A. & A. Proudfoot. MOOCs for language learning– opportunities and challenges: The case of the Open University Italian beginners’ MOOCs[A]. In Kan，Q. & S. Bax (eds.) . Introduction to Beyond the Language Classroom: Researching MOOCs and Other Innovations[C]. Research–publishing. net, 2017, p88.

③同①，第156页。

④韩艳辉：《国内慕课建设评议——兼论外语类课程的慕课适用性》，《外语电化教学》，2019年第5期，第37页。

语慕课联盟（China MOOCs for Foreign Studies，简称CMFS）于2017年12月23日在北京成立，坚定了外语在慕课上推广的决心。

李佩就慕课和翻转课堂在阿拉伯语本科教学中联合应用的可行性进行了分析。

2. 翻转课堂

翻转课堂（Flipped Classroom）要求学生课前先阅读相关资料，或者观看视频学习资料，在课堂上对预先学习过程中发现的问题，与老师同学进行讨论和交流。

李佩就慕课和翻转课堂在阿拉伯语本科教学中联合应用的可行性进行了分析，认为二者的联合应用具有可行性。①

3. 产出导向法

产出导向法（production-oriented approach，简称POA）是由文秋芳在2008年针对英语专业技能课程改革提出的理论。其教学理念由四部分组成：（1）学习中心说，（2）学用一体说，（3）关键能力说（全人教育说），（4）文化交流说。

（1）学习中心说，其特点是区别于学习者中心说和教师中心说，回避了学习者和教师哪一个是中心的争论，却又提出“教师主导、学生主体”，目的性很强，强调学生学到真东西，只要学生学有所成，教师和学生谁是中心无所谓。

（2）学用一体说是针对外语教学中出现的学用分离问题而提出来的，认为输入和输出应该实现一体化，二者间不应该有长时间的间隔，学和用要很好地衔接起来。

---

①李佩：《基于慕课的“翻转课堂”模式在阿拉伯语本科教学中应用的可行性分析》，《当代阿拉伯研究 阿拉伯语语言文学学科发展与课程建设专辑2》，刘欣路、吴晏雁主编，北京师范大学出版社，2019年，第67–72页。

（3）关键能力说旨在让所培养的人才拥有关键能力，对外语专业人才培养来说，教育部颁布的《外国语言文学类教学质量国家标准》中要求外语专业毕业生“应具备外语运用能力、文学赏析能力、跨文化能力、思辨能力，以及一定的科研能力、创新能力、信息技术应用能力、自主学习能力和实践能力。”[①]这些能力是外语专业人才要具备的关键能力。

（4）文化交流说指的是正确处理目的语文化和母语文化间的关系。

该理论提出了四个教学假设：①输出驱动假设，②输入促成假设，③选择学习假设，④以评为学假设。

①输出驱动假设挑战了传统先输入后输出的语言学习顺序，要求学习者先尝试输出，在没有输入的情况下输出必然导致产出困难，学习者自己认识到这一点后，教师再针对产出目标和学生在产出中的困难提供相应的输入，帮助学生有效运用所提供的输入。学生在输出困难的过程中认识到自身的不足，有的放矢地输入。

②输入促成假设指的是在输出受阻之后，为了完成输出的目的而进行的输入，其目的性极强。这极大限度地模拟了学生毕业后在工作中面临的情况，比如用阿拉伯语介绍一个项目的情况，需要查找关于这个项目的资料，这是一种目的性极强的服务于输出的输入。且具有案例的特点。

③选择学习假设指的是以输出导向为目标的重点学习，针对的是“全面学习”，选择学习比没有目标的学习效率要高，目的明确，对输入材料有取舍。

④以评为学假设指出了教师评价在教学中的重要性，需要教师认真仔细对待，教师和学生在评价环节积极互动，最终形成教学和评价的有机结合。

POA有三个教学流程：①驱动，指的是以产出导向为驱动，学生在输入困境中获得学习目标和动力。②促成，指的是获得学习目标和动力后在教师的指导下进行的输入行为，其目的是为了解决输出困境。③评价，指的是对

① 教育部高等学校教学指导委员会：《普通高等学校本科专业类教学质量国家标准》，高等教育出版社，2008年。

促成活动或产出成果进行的即时评价和延时评价，包括教师评价、学生自评、学生互评、机器评价、师生合作共评，在评价的过程中完成学习的画龙点睛和升华。

目前，高校阿拉伯语界仅对POA在阿拉伯语教学中的可行性进行了研究。

黄兰就POA在阿拉伯语高年级教学的可行性进行了研究。分析了此法的优势和劣势。

POA的优势在于避免了传统外语教学中“重输入、轻输出”的弊端，增加语言教学中“输出”的比重，以“输出”驱动学生外语能力的发展；增强教学文本话题的时效性、交际性，引起学生学习的欲望；打破现有的千人一面的教学形式；发挥学生在学习过程中的主体作用，将学生在学习过程中置于主动的位置。

POA的局限在于：（1）仅用于部分技能型课程，作为对基础知识型课程的补充，如口语、写作、经贸阿拉伯语、政治外交阿语等。（2）此法适用于高年级，不适合低年级。因为初学者侧重的是语言知识的输入，而非输出。初学者由于语言知识积累不足、技能掌握不够，很难进行语言的产出性活动。（3）此法对教师和学生都有很高的要求。对教师而言，除了要求有较高的语言水平外，还要求有较高的管理、调控、领导能力。首先在“驱动”阶段，教师需要熟悉教材、了解学生水平、设计能激起学生学习欲望的情景、设计出符合教学目标和学生水平的产出任务；在“促成”阶段，教师需要整理输入性知识素材，素材要和产出任务高度吻合，且包含一定的语言知识；在“评价”阶段，教师要在任务过程中适时跟进，在任务完成后评价，做到“即时评价”和“延时评价”相结合。这些需要教师付出很大精力。教师团队合作是减轻压力的一个好的途径，团队中的教师分工合作，进行教学的整合。对学生而言，要求带着问题去接受知识，较好地完成产出任务。[①]

---

①黄兰：《产出导向法在大学高年级阿拉伯语教学中的可行性分析》，《当代阿拉伯研究 阿拉伯语语言文学学科发展与课程建设专辑》，刘欣路、吴晏雁主编，北京师范大学出版社，2018年，第124-131页。

丁杨就产出导向法在阿拉伯语写作课程中的可行性进行了研究，认为阿拉伯语本科专业高年级学生具备足够的认知水平、语言积累和语言技能，能够进行一定的语言产出活动，具备完成输出任务的能力，具备了应用POA的能力；同时，国内大学中承担阿拉伯语写作课程教授任务的教师绝大多数都受过多年的专业训练，积累了大量的教学经验，语言水平高、教学能力强，也具备运用POA的能力。下一步应尽快开展尝试POA的实践，积累实践数据和经验。[①]

整体来说，就POA在阿拉伯语教学中的应用还处在起步阶段，需要进一步深入。

4. 对分课堂

对分课堂是2014年由上海复旦大学教授张学新提出的最新教学方法，张学新认为这种教学方法适用于各种专业和课程，不同专业成功运用对分课堂的著作也相继出版，如对分课堂在英语教学当中的应用。阿拉伯语界的教师有些也在使用对分课堂。

对分课堂是将课堂灌输与自主学习、讨论融合在一起。张学新认为传统的课堂都是以灌输为主，如慕课就是灌输式教育的扩大化。灌输式教育最大的优势在于效率高，但教师是主动的，学生是被动学习。对分课堂不是完全抛弃灌输式教育，而是半节课采用灌输式教育，并且以精讲为特点。而翻转课堂的优势在于学生主动学习，但缺点在于学习效率低。对分课堂的另外半节课采用自主学习、讨论的方式，主要内容为15分钟自主学习，15分钟小组讨论，15分钟小组发言。小组发言又可分为“亮闪闪、帮帮我、考考你”三部分，“亮闪闪”指的是小组说出这堂课的收获和亮点；“帮帮我”指的是小组将讨论还未解决的问题抛出来，由其他小组帮助解决，若不能解决再由老

① 丁杨：《“产出导向法”应用于大学阿拉伯与写作课程教学的可行性探析》，《当代阿拉伯研究 阿拉伯语语言文学学科发展与课程建设专辑2》，刘欣路、吴晏雁主编，北京师范大学出版社，2019年，第49-51页。

师解决；“考考你”指的是小组就本堂课内容给其他小组出题。对分课堂结合了慕课和翻转课堂的优势，对二者进行了中庸式的融合。对分可以是当堂对分，也可以是隔堂对分。

三、建议

1. 多种教学理论和方法交叉使用

外语教学方面的理论和方法众多，以上所列举的是近年来在外语专业较为流行、应用较广的理论和方法。理论方法大多数都是由海外学者提出，我国再吸收借鉴。众多学者对这些理论和方法在不同课程上的应用也做出了多方位的研究，事实证明这些理论和方法在外语教学上都是有成功经验可循的。

教师在教学过程中可将多种教学理论方法交叉使用。教学方法很多，比如有开放式教学、点播式教学、讨论式教学、探究式教学、任务型教学、讲解式教学等。一门课中就可以用多种不同教学方法，这周上课用这种，下周上课用另一种，根据教学内容来调整合适的教学方法。这种教学方法的立体综合变换使用，可以增加学生对课程的新鲜感。对教师来说，这是一种挑战，需要教师掌握多种教学方法，对多种教学方法有所了解，但同时，通过多种教学方法的实践，教师积累了丰富的经验，不同的教学方法在实践中得到了检验，教师更清楚哪种教学方法更有利于教学。当明确了某一种或某几种教学方法的教学效果非常好，就可以将其固定下来成为一个经典案例，作为申请示范课、“金课”的资本。教师还可以将不同教学方法中的优势提取出来加以组合，综合运用，也许从中还可创造出新的教学方法。通过对这些教学方法在不同课程上的运用，教师还可以据此撰写教学改革类的学术论文和著作，提高自己对教学方法理论和实践的认识，推动外语教学理论的发展。

2. 对分课堂在众多教学方法中的优势

在众多的教学理论和方法中，我们建议教师们多多关注对分课堂，这种教学方法很好地将传统教学方法与最新的教学方法结合了起来，而且简单易学，容易上手，减轻了教师和学生的压力和负担，让教师在搞好教学的同时有时间和精力提高科研水平，让学生也有更大的自由做复合型的学习。

3. 教学实践经验的总结

3.1 阿拉伯语不难学

“当新生面对这样一门语言的时候，老师一般分为两种情况。第一种情况是告诉学生这门语言很难学，要求学生从一开始就要刻苦学习，让学生有紧迫感，从一开始就要抓紧，不能松懈；第二种情况是尽量避免提及阿拉伯语难学，反而告诉新生阿拉伯语是有规律的，尤其是掌握了派生规律的话，阿拉伯语不是那么难学，为学生建立学好这门语言的信心。目前在高等学校阿拉伯语教学界有人支持第一种做法，有人支持第二种做法。”①事实上这两种方法我们都使用过，告诉A年入学的学生阿拉伯语很难学，对B年入学的学生淡化阿拉伯语的难度，从老师们整体的感觉上来说，B年的学生学习要好于A年的学生。当然，这并不是严谨的对照组实验，也没法做对照组实验，因为所有的量都在变化：不同年度的生源质量不同，授课教师不同，教学方法有差异，课程设置有调整……我们只是从感性的经验来讲，我们更趋向于第二种做法，强调阿拉伯语学习的可能性，淡化其困难，我们认为这样更有利于阿拉伯语的学习。有的学者从阿拉伯语难易辩证关系的判断对学生学习兴趣的影响来看待这一问题，“长期以来非常流行的说法是阿语很难学，很多学生在入校前就获悉了类似说法，致使有些学生还未开始学习就产生畏难情绪。其实任何事物的难与易都是辩证相对的。因为任何事情都有其规律，只

①潘雷：《浅析阿拉伯语高等教育特点》，《高等教育教学改革研究（第四辑）》，王鲁男主编，重庆出版社，2017年，第227页。

要掌握了规律，难可以转化为易。因此，教师应以积极的鼓励和引导取代片面强调阿语难学的内容和表达。”①

3.2 一年级决定成败

初始阶段对阿拉伯语专业学生至关重要。入学阶段要树立学生对专业的信心，一年级打好学生的语言基础。

对这样一门语言，学生能否在本科四年的时间内掌握它，很大程度上取决于大学一年级是否能够学好，一年级如果学得好，以后也不会学得差；一年级如果学得不好，以后再想追赶也是很难的。笔者在和其他高校阿拉伯语教师交流后发现，其他教师普遍都有这种看法。为了证明这种说法是否正确，我们选取了四川外国语大学阿拉伯语专业连续三个年级（2010级、2011级、2012级）的学生从大一到大四七个学期的阿拉伯语精读期末考试总评成绩为研究对象，不及格的学生姓名以英语字母从A到Z代表，×代表该生在那个学期精读期末考试总评不及格。数据如下：

2010级

学期	班级人数	不及格的人数	中等的人数	优秀的人数
大一上	25	3	11	11
大一下	25	3	14	8
大二上	25	3	12	10
大二下	25	3	13	9
大三上	10②	2	6	2
大三下	25	0	12	13
大四上	25	4	15	6

①叶良英：《兴趣、基础与能力并举——对阿语一年级精读教学的一点体会》，《当代阿拉伯研究 阿拉伯语语言文学学科发展与课程建设专辑》，刘欣路、吴晏雁主编，北京师范大学出版社，2018年，第90页。

②出国留学15人。

姓名	大一上	大一下	大二上	大二下	大三上	大三下	大四上
A							
B	×	×	×	×			×
C							×
D							×
E	×	×	×	×			×
F	×	×	×	×			
G					×		
H					×		

2011级

学期	班级人数	不及格的人数	中等的人数	优秀的人数
大一上	25	1	14	10
大一下	25	2	15	8
大二上	20①	2	8	10
大二下	20②	2	4	14
大三上	23③	2	9	12
大三下	23④	2	12	9
大四上	25	3	12	10

①出国留学5人。

②出国留学5人。

③出国留学2人。

④出国留学2人。

姓名	大一上	大一下	大二上	大二下	大三上	大三下	大四上
G		×	×	×			×
K	×	×	×	×	×	×	×
L					×	×	×

2012级

学期	班级人数	不及格的人数	中等的人数	优秀的人数
大一上	27	2	12	13
大一下	27	4	17	7
大二上	27	3	20	4
大二下	27	2	19	6
大三上	27	4	19	5
大三下	27	2	15	10
大四上	27	3	19	5

姓名	大一上	大一下	大二上	大二下	大三上	大三下	大四下
M		×		×	×	×	×
N			×		×		×
O	×	×	×		×	×	×
P		×	×	×	×		
Q		×					
R	×						

从2010级的数据来看，大一不及格的人有3个，分别是B、E、F，B、E、在大二和大四均不及格，F在大二不及格。大三上学期这三个人都出国，

未参加期末考试，大三下学期所有人都及格了。B、E、F大一学得不好，之后三年的成绩B、E也都不好，支持了上文所提到的说法，即大一如果学得不好，后边三年也很有可能学得不好。

从2011级的数据来看，大一不及格的人有G、K，这两个人在以后的考试中也均不及格，除了G在大三出国，未能参加考试，但G大四回来后依然不及格。这一年级的数据也证明了“大一规律”的正确性。

2012级的数据较为复杂，大一不及格的有M、O、P、Q、R，在这五个人当中，接下来三年成绩依然不好的是M和O，P在最后两个学期都及格了，Q和R在四年中只有一次不及格，就是大一各有一学期不及格。

综合三个年级的数据来看，大一下半学期是一个关键，如果这一学期学得不好，以后几个学期的成绩也很可能不好。“大一规律”并不是百分之百准确的，比如Q和R，虽然在大一不及格，但是后面的学期都及格了。而F和P也是大一不及格，虽然他俩的成绩没有B那一组的差，但是他俩也一共有4个学期不及格，超过总学期的一半。

综上所述，通过B、E、F、G、K、M、O、P的成绩，我们可以说，大学一年级对一个阿拉伯语专业的学生是相当重要的一年，这一年的成败为后面的学习定下了一个基调。

往年留级生的表现也证明了一年级下学期是成败的关键。很多留级生在一年级学习成绩太差，我们会建议他留级重新读大一的课程。当他们重读大一上学期课程的时候，他们的表现往往是出色的，能在班级中名列前茅甚至第一，但是到了下半学期他们就跟不上了，成绩又到后边去了。

这些往年的现象说明一年级上学期学生们并没有拉开差距，真正拉开差距是在一年级下学期，这时候如果落下了，后面很有可能就跟不上了。

究其原因，我们认为教材是一个很关键的因素。一年级上半学期用《新编阿拉伯语（第一册）》，是零起点的入门教材，虽然跟以往的、现有的同类教材相比难度加大了，但还是可以接受的。一年级下半学期，使用《新编阿拉伯语（第二册）》，给人的感觉是第一册和第二册中间还应该有一册过渡性的教材，但是并没有，一下子难度就变大了，内容就变多了。笔者在读书的时候也使用这套教材，并有幸成为这套教材的第一批实验生，自己就是这种感觉。我们认为这是有些学生跟不上的一个主要原因。

由于阿拉伯语学习有这种特性，所以一年级就特别的重要。教师需要让学生了解到这一点，在学生中营造一种良好的学习气氛，学生自己也要有意识地重视起来。专业领导、任课教师、辅导员要对学生严格要求，甚至对其进行高中似的严格管控，避免其在大一下学期掉队。

第五章　教材的建设和使用

一、教材定义以及存在的问题

教材有广义和狭义之分，狭义的教材指的是教科书，广义的教材包括教科书、教学参考书、教学用图、音像教材、教学课件等。国家对教材建设是非常重视的，刘延东在国家教材委员会成立大会上就强调："要尊重教育规律和学生成长规律，提升教材思想性、科学性、时代性，逐步形成适应中国特色社会主义发展要求、立足国际学术前沿、门类齐全、学段衔接的教材体系。"①

在新文科的大背景下，培养多重复合型人才需要相应的配套教材。现有教材无法满足新文科对人才培养的要求，"新文科系列教材规划滞后、交叉应用特色待深入、本土开发与引进失衡、数字技术赋能程度低、非通用语种教材紧缺。"②所以需要改革教材，重新编写教材，新教材建设"应致力于打造精品、交叉应用、完善体系、加强外译、数字赋能、创新模式、覆盖语种、深化合作等工作，构建目标明确、供求平衡、体系完备、持续发展的教材建设生态。"③

①刘延东：《把国家教材建设作为战略性基础工程抓紧抓实抓好》，《中国教育报》，2017年7月6日。

②王乐、王晓涔：《新文科背景下对语言学教材建设的思考》，《外语研究》，2023年第3期，第45页。

③同②。

二、阿拉伯语教材现状（以精读课教材为例）

目前，国内阿拉伯语本科专业使用时间较长的精读课程教材有三种：北京外国语大学编写的《新编阿拉伯语》，北京大学编写的《阿拉伯语基础教程》，上海外国语大学编写的《新编阿拉伯语教程》。北京大学使用《阿拉伯语基础教程》，上海外国语大学使用《新编阿拉伯语教程》，北京外国语大学和其他院校使用《新编阿拉伯语》。《新编阿拉伯语》这套教材有6本，可以说是北京外国语大学编写的第三代精读教材，其特点是难度大、内容多、文学性强。

这套教材对教师和学生的要求也很高，要求教师在讲授的时候精讲，对教材内容有所取舍，讲重要的、难度大的、结构性的、提纲挈领的东西，这就要求教师有多年的教学经验，对阿拉伯语语言知识有非常清楚的系统性了解，而且要有深厚的科研水平，研究吃透这套教材；同时，这套教材要求学生有很强的自主学习能力，北京外国语大学要求学生在学习新课之前进行预习，“听录音直至能听懂文章大意，在基本记住新课生词的情况下，听抄会话和正文的全部内容，并分析错误。”[①]北京外国语大学的老师也说“这些预习要求有些高”，但如果“不折不扣做到”会收到“很好的学习效果”。能够不折不扣完成这些预习任务的一定是具有极强自主学习能力的学生，并不是所有阿拉伯语专业的学生都有这样强的自主学习能力的。预习是一个很痛苦的过程，会遇到很多难点，缺少参考书等帮手，学生不清楚到哪里寻找答案，即使解决了，也花费了很多时间，老师在课堂上一句话就讲明白的点，预习的时候可能要用一小时搞清楚，甚至还搞不清楚。所以近年来一些新兴的教学方法，如“对分课堂”，就不鼓励预习，认为预习是一件效率极低的工作，而是应该重视复习。自主学习能力不光体现在预习上，复习中同样需要，因

①叶良英：《兴趣、基础与能力并举——对阿语一年级精读教学的一点体会》，《当代阿拉伯研究 阿拉伯语语言文学学科发展与课程建设专辑》，刘欣路、吴晏雁主编，北京师范大学出版社，2018年，第92页。

为教材的内容庞大、丰富，很多课后题中的语法点和语言现象本课讲解中根本没有出现，反而是出现在下一课中，这可能是为了逼迫学生提前预习。

这套教材刚投入使用的时候，很多学校的教师说这套教材的难度大，这是我们和北京外国语大学的第二代精读教材、其他学校的精读课教材（如北京大学的）进行比较之后的感觉，但经过将近20年的使用，教师和学生们都已经接受了这种难度。但就是在这套教材被使用十多年的时间后的今天，还是有些院校的教师反映他们的学生“在学习这套教材时比较吃力，教师和学生需要在教学中付出大量超过其他语种教学的时间和精力，但收效有限。”①

我国高校阿拉伯语在教材方面最大的问题是一刀切，除了北京大学、上海外国语大学精读课用自己的教材外，其他院校几乎都用《新编阿拉伯语》这套教材。近些年开办阿拉伯语专业的院校越来越多，最多时达50多所，其中有外语院校、综合大学、私立高校、大专高职……这套教材的特点是内容多、难度大，所以在讲授的时候必须有所取舍，也就是精讲，这要求教师的水平，也要求学生有很强的自主学习的能力。所以我们认为这套教材外语类院校用是可以的，大专高职类院校用则不合适，因为学生自主学习能力有待提高。

这套教材每一课的内容包括对话、课程、词汇、句型、课后练习、语法、阅读，除了做精读课教材外，其实这套教材还可以当做语法课、听力课、口语课、阅读课等多种课型的教材，一书多能。“学习阿拉伯语，一本就够了”是对这本教材形象的概括。正因为内容多，所以在精读课上，有些老师想把一课的内容全部讲完，就会形成一种流水账式的教学现象，所有的内容都讲，多数的内容都是蜻蜓点水，这样的教学效果是不理想的，也背离了教材编纂者的初衷。这套教材的正确讲授方法是有重点的讲授，不能所有内容都讲，时间、课时量也不允许。

由于阿拉伯语标准语是阿拉伯人文学、政治领域使用的语言，再加上北

① 归帆：《商务阿拉伯语人才培养方案制定研究——以浙江工商大学阿拉伯语系为例》，《当代阿拉伯研究 阿拉伯语语言文学学科发展与课程建设专辑》，刘欣路、吴晏雁主编，北京师范大学出版社，2018年，第29页。

京外国语大学自身的特点，所以这套教材内容文学性、政治性、学术性强，而口语性、生活性弱。

三、案例分析——“高级阿拉伯语”课程教材

新文科要求学科/专业的融合，路径是多样化的，其中包括采取体系化专业知识进教材，如编写符合外语/翻译专业学生特点的前沿核心知识教材，而不是原封不动地使用相关专业教材。①我们在新文科思想的指导下，进行了新文科阿拉伯语教材编写的实践工作。教材的主题是“讲好中国故事”，命名为《高级阿拉伯语——解读当代中国》。这部教材主要为高年级“高级阿拉伯语”课程设计，内含15课，可满足周学时为6学时的一学期教学的使用。从全国范围来看，各个高校在“高级阿拉伯语”课程中所使用的教材绝大多数是外研社出版的《新编阿拉伯语》系列教材中的5、6册，这两册教材的特点是难度大、文学性强、内容涵盖广。极少数高校采用上外编纂的《新编阿拉伯语教程》等教材。因为全国阿拉伯语专业四级考试是以《新编阿拉伯语》这套教材为纲，所以全国绝大多数高校采用的都是这套教材。但这套教材面世已经20年，里边的很多内容已经显得老旧且跟不上时代，新的“精读”教材的编纂已经被提上了日程。《新编阿拉伯语》5、6册因为难度大、文学性强等原因，和学生毕业后工作相关的内容较少，学生学习起来兴趣不高。

本教材由来自四川外国语大学、成都外国语学院、重庆外语外事学院三所高校的阿拉伯语专业教师共同编纂而成，是三所高校协同创新的一次有益尝试。“开展协同创新是进一步完善大学功能，更好地服务于国家和社会的战略选择。外语院校应明确自身定位和优势，加强协同创新的顶层设计，找准

① 刘和平、韩林涛：《新文科背景下融合型语言服务人才培养模式》，《外语教育研究前沿》，2022年第4期，第28页。

创新的突破口，开展组织结构创新，合力打造利益共享机制，努力服务于国家和社会的战略发展。”[①]教材内容多以成渝地区的中国故事为主，极具区域性特色。如重庆潼南地区柠檬通过中欧铁路货运远销俄罗斯，重庆璧山的新能源项目，重庆涪陵的页岩气项目，重庆的京东方集团在半导体显示行业的领先地位，成都和阿联酋的“拥抱中国”项目，迪拜金融中心和成都方面的交流互动，成都建设公园城市，四川的白鹤滩水电站，成都郫都区乡村振兴的典型示范村……

教材由五部分组成：导学、课文、词汇、句型、练习，每一部分均体现了科学的理念。

1. 导学部分——体现超学科构想

“外语语言文学学科及其专业类建设和人才培养模式也可以超学科为理念，克服外语学科专业建设和人才培养中出现的或千校一面、雷同无异，或简单拼接、东拼西凑的问题，更多关注不同学科领域知识与外语互动、整合的知识体系构建和可持续发展的教育样态，开发具有超学科特色的课程。”[②]外语专业的学生最常被人诟病的就是只有外语技能，缺少其他学科的理论知识和基础。为了改变这一状况，本教材在每一课设置了导学部分，将这一课主要涉及的理论内容和背景知识用中文讲述出来。比如第一课涉及的内容是“一带一路”和中欧货运班列，这一课的导学部分就从地缘政治角度分析了“一带一路”，指出“一带一路”将欧亚大陆东西两端有机地联系起来，形成边缘地带对海权统治的挑战，进而联系到世界百年未有之大变局。使学生从理论上明白了“一带一路”倡议的深刻意义和内涵。

①董洪川：《协同创新：外语院校服务国家和社会的战略选择》，全国外语院校科研管理协作会。第五届外语院校繁荣发展哲学社会科学高层论坛暨全国外语院校科研管理协会年会会议论文集》，全国外语院校科研管理协作会：天津外国语大学科研处，2013年，第70页。

②刘玉梅：《外语学科专业建设的反思与超学科前瞻》，《中国外语》，2018年第3期，第6页。

2. 课文部分——讲述中国故事

近年来，外语专业大力推进习近平新时代中国特色社会主义思想进课堂、进教材、进头脑，不断增强学生的道路自信、理论自信、制度自信和文化自信，目前四川外国语大学和北京外国语大学、上海外国语大学一道被中宣部列为这一项目的试点院校。

我们欣喜地看到,《习近平谈治国理政》系列丛书中的很多内容已经出现在外语课堂上,《理解当代中国》系列教材中的很多内容也来自《习近平谈治国理政》和总书记的不同讲话。这些内容都是高屋建瓴的，从国家顶层设计的层面阐明中国在新时代的治理之道。

而我们这本教材则是从实践的层面讲述治国理政的理念和理论如何在中国大地上落地生根发芽，这些实践证明了理论的正确性和可行性，实践是检验真理的唯一标准，本教材课文中所讲述的中国故事都是从实践层面检验了真理的正确性和可行性。

本教材一共有15课，内容涉及“一带一路”、气候变化和减排目标、人类命运共同体、“十四五”规划、中国制造2025、脱贫攻坚战、精准扶贫、“两个一百年”奋斗目标、乡村振兴、美丽中国、绿色发展、沙漠化防治、中华民族共同体意识、一国两制、西部开放高地、成渝双核发展、新能源、高速铁路、科技创新……都是当下中国的热点内容，都是外国关注中国的焦点内容，都是国外希望从中国学习的宝贵先进经验。“中国正发挥着世界和平建设者、全球发展贡献者、国际秩序维护者的重要作用，国际社会普遍将注意力转向这一神秘、开放而古老的东方大国，迫切地想要了解中国。”①

3. 词汇部分——避免机械的翻译道路

一般的外语教材在每一课中都会有生词释义这一部分内容，要么在课文之前，要么在课文之后，在生词释义中最常用的做法是在外语生词的后面附

①祝朝伟:《翻译的话语等效与对外话语传播体系创新》,《中国外语》，2020年第2期，第4-5页。

上母语词汇的解释，这种做法无疑“在外语词与母语词之间画了一个无形的等号。可以说，学外语者从一开始就被引向了一条‘等值’的机械翻译道路，且在这条道路上，又慢慢加强了这种意义完全客观的观念。”[①]教材中对外语生词的解释方法和词典、字典中的解释方法有相似之处，字典和词典是外语学习者在学习外语过程中必不可少的工具。刘宓庆曾分析说：“几乎所有的辞典、字典都只能记载每个词明确、限定的一面。这样就显示了一种假象，似乎意义都是明确的、限定的。”[②]

为了避免学生对意义绝对客观性的认识，纠正学生将两种语言当做两个完全对等的词汇对照表这种认识。我们在生词释义部分采用了阿拉伯语解释阿拉伯语的做法，这种做法有助于学生从根本上去理解某个词汇的含义，追根溯源，引导学生去探求词汇最根本的含义。一个词汇有很多的引申义，很多引申义都来源于这个词汇最原始的意思。当学生了解了一个词汇最原始的含义后，很多引申义也就不言自明、触类旁通了。

4. 句型部分——在系统中区分差别

还为了避免学生孤立地理解词汇的意思，上下文的语境至关重要，每一个词在不同的语境下意思都不尽相同。索绪尔明确指出：“语言既是一个系统，它的各项要素都有连带关系，而且其中每项要素的价值都只是因为有其他各项要素同时存在的结果……”[③]而句型这一部分的作用就在于此。同样的一个词汇，在不同的上下文和语境中能够翻译成多种含义，一个词只有在语境确定的情况下才能确定其真正含义。很多学生在实践中将一个外语词汇和一个中文意思等同起来，不管什么条件下都翻译成固定的中文含义，由此造成了翻译中的死译。句型部分就是为了解决这一问题，培养学生在系统中区分差别，确定价值或意义的思想。

①许钧：《翻译概论》，外语教学与研究出版社，2009年，第85页。

②刘宓庆：《翻译与语言哲学》，中国对外翻译出版公司，2001年，第353页.

③索绪尔：《普通语言学教程》，高名凯译,商务印书馆，1982年，第164页。

5. 练习部分——培养创新意识能力

“传统的教材编纂法属于显示完美式的教材编纂法，为显示教材的权威性而将相应领域的所有问题都尽量解决掉，或采取各种方法尽量回避或隐藏相关问题，乃至尽量避免在教学实践中激发学生对相关问题的思考，这不仅抑制了学生的求知欲望，而且不利于学生创新意识和创新能力的培养。”[①]于是乎，用新理念编纂新教材就成了当务之急，新的教材一定要体现以问题为导向，让学生有解决某个问题的冲动，而解决这个问题又要求学生对该领域知识的情况有充分的认识和了解，进而激发学生了解学习相关知识的欲望。以解决问题为导向也可以体现在教师的课堂和布置的作业中。

本教材的习题设置主要分为两部分，第一部分是对课文精华内容的翻译，将阿拉伯文内容翻译为中文，同时任课教师还可要求学生将中文内容翻译为阿拉伯文。通过这一部分的练习，训练学生掌握课文的核心内容，在外宣的过程中，如果谈到相关议题，马上就能联想到课文中的内容，做到脱口而出。有专家指出，在中国不断提升对外传播能力的背景下，“语言服务+知识产权”“语言服务+外宣”“语言服务+法律”“语言服务+中医”等跨专业融合模式值得深入探讨。[②]第二部分要求学生联系实际和自身情况，收集资料，自己整理语言，讲述和课文有关主题的实例。比如课文是关于脱贫攻坚的内容，这部分练习便要求学生联系自己家乡的情况，或者他所了解的某地的脱贫情况，来讲述发生在中国农村的脱贫成功实例。学生需要解决的问题就是如何能够通过真实案例的讲述，让阿拉伯人和中国人真正达到民心相通。学生为了达到这个目的，传播中国的成功经验，需要首先领悟并吃透课文，因为课文都是阿拉伯国家媒体所采写或转载的中国故事，他们认可这些故事，才会将这些故事刊登出来，这些故事都是成功的外宣案例。学生在学习了这些成功案例后，结合自身实际，收集相关资料，来讲述自己的中国故事，将教材

①杨英法：《显示问题式教材编纂法构想》，《河北工程大学学报（社会科学版）》，2009年第4期，第72页。

②刘和平、韩林涛：《新文科背景下融合型语言服务人才培养模式》，《外语教育研究前沿》，2022年第4期，第28页。

中的内容化为我有。这一过程既锻炼了学生的讲述能力，又激发了学生的讲述欲望。

四、建议

教材方面，推进课程内容更新，将学科研究新发展、实践发展新经验、社会需求新变化及时纳入教材。阿拉伯语专业主干课程精读课的教材全国统一，大家用的都是同一套教材。以前，“国内的多数教材仿照苏联的模式，注重体系性、完整性，比较抽象，更多是按知识体系的逻辑结构来组织的，并不符合学生学习时的心理过程。”①今天，这些特点还或多或少地出现在阿拉伯语专业的教材上。阿拉伯语专业应该进行教材的改革，这种改革可以先从非主干课程入手，比如对非精读课可以进行教材自主化，就是将非精读课教材全部换成我校教师编著的教材，以此来突出我专业和地区的个性化和特色。通过对非精读课程教材的编写，教师积累了教学科研经验，为最后编写出体例完整、内容丰富、排版精美、图文并茂，编写时会考虑学生的学习过程，适合学生课后阅读学习的优秀教材，为攀登精读课程教材这座最高峰打下坚实的基础。编写优秀教材是一件极其困难的事情，编写出的教材应该尽可能多地拥有以下优秀教材的特质：（1）基本性（反映学科最核心的基本概念和基本原理）。（2）完整性（应有内容不缺失）。（3）系统性（体系结构清晰、明了、严谨）。（4）正确性（错误极少）。（5）简洁性（简明扼要，不啰嗦）。（6）可读性（生动有趣，不晦涩难懂）。（7）丰富性（充足的内容）。（8）多样性（不同学生可以关注不同的内容）。（9）时代性（反映学科最新进展）。（10）适宜性（适合学生群体特点）。

“一带一路”方面的教材改革或成为外语教材建设方面的处女地，因为“经中国知网检索，针对外语教学如何在教材建设方面回应“一带一路”倡议

① 张学新：《对分课堂 中国教育的新智慧》，科学出版社，2017年，第13页。

的研究目前尚属空白。这既为外语教材的发展研究提供了巨大空间，同时也意味着研究者需要面临较大的难度，主要体现为无现成的思路可资借鉴。”①

要着重打造双语教材，如中阿对照教材。根据我们的经验，双语阅读能够在短时间内快速提高学生的外语水平，但国内现有的阿拉伯语教材中，中阿双语对照的教材还很少，我们应该在这方面多下功夫。

综上所述，我们认为新文科外语教材的建设应该在以下一些理念的指导下进行：

（1）教材的核心之一是以需求为导向，如国家急需能够讲好中国故事的会外语的毕业生参与到中国软实力的建设中来，教材应配合国家政策致力于培养出符合国家需要的外语人才。

（2）跨专业、跨学科。教材应致力于外语和其他专业学科的交叉融合，如和新闻传播学、情报学、历史学、政治学……的交叉融合。在培养学生外语水平的同时，全方位多角度地培养学生的新文科素养。教材应致力于树立人文性、工具性和科学性相融合、相统一的外语教育新形象。

（3）创新性，其新主要体现在文本材料新、学科理论新、融合领域新、交叉模式新、内涵建设新。

（4）坚守一个“文”字。教材应坚持自己的学科本色和专业特色。不会因为刻意强调“新文科”而遮蔽了“文”的本质。教材要在坚守“外”的特质基础上强化并凸显“文”的本色。在学好外语的前提下实行人文化综合改革。实现“外语+”,“+外语”。

（5）彰显一个“中”字。教材应致力于在构建中国特色哲学社会科学话语体系中发挥积极作用，促进学术开放，提升国际学术话语权力。积极实现跨学科突破，参与构建中国特色、中国风格、中国气派的话语体系。与时代同呼吸，与国家共命运。

①陈杰：《国别区域人才培养视角下，阿语本科教材体系拓展的思考》,《当代阿拉伯研究 阿拉伯语语言文学学科发展与课程建设专辑》，刘欣路、吴晏雁主编，北京师范大学出版社，2018年，第4页。

第六章　科研与实践平台建设

科研实践和人才培养是同等重要的。“外语学科建设应通过科学研究和人才培养两条途径服务于国家和社会。”[①]“外国语言文学学科作为外国语大学的主要学科，要到达国际一流建设目标，首先要重视其科研成果的一流输出。”[②]我们所说的科研实践有两层含义，第一是科研，指的是科学研究；第二是实践，指的是服务社会。生产知识是科学研究的主要目的之一。根据迈克尔·吉本斯的理论，知识生产模式有两种，第一种以理论研究为导向，基于单一学科的知识生产和运用；第二种以问题研究为导向，基于多学科知识的生产与运用。[③]阿拉伯语专业既可以依托本专业力量，独立进行第一种知识生产模式，又可以依托本校多学科资源，进行第二种知识生产模式。未来的发展趋势是第二种知识生产。因为“外国文学、外国语言学及应用语言学、翻译学、比较文学与跨文化研究、国别与区域研究五大学科方向充实了外语学科的研究内容，也有助于推动单一的基础研究逐步拓展为综合型应用和对策研究。”[④]

一流的科研实践要获得国内外的承认，就必须符合国内外的评价标准，在世界知名大学和学科排行榜上，如“泰晤士高等教育世界大学排名”“QS世界大学排名”“QS世界大学学科排名”“软科中国最好学科排名”等，有

①孙钦美、赵双花：《构建新时代高校外语学科协同发展“共同体”——一流外国语言文学学科建设与发展高峰论坛述评》，《外语界》，2018年第2期，第75页。

②郑新民、荆菁：《“双一流”学科建设目标下如何有效提升外语学位论文撰写质量——香港教育大学Bob Adamson教授访谈录》，《外语电化教学》，2018年第2期，第91页。

③迈克尔·吉本斯，等：《知识生产的新模式：当代社会科学与研究的动力学》，北京大学出版社，2011年，第3-5页。

④王雪梅：《新时代一流外语学科建设：内涵、原则与路径》，《外语界》，2019年第1期，第27页。

一些评价指标是非常重要的，如获得诺贝尔奖和菲尔兹奖的校友和教师人数，各学科领域被引用次数最高的科学家人数，在《自然》(*Nature*) 和《科学》(*Science*) 上发表论文数，被科学引文索引（SCIE）和社会科学引文索引（SSCI）收录的论文数等。结合阿拉伯语专业情况，“各学科领域被引用次数最高的科学家数”和“被科学引文索引（SCIE）和社会科学引文索引（SSCI）收录的论文数”是阿拉伯语专业应该重点突破的方向。

一、高水平期刊与学术共同体

本文所指的期刊是Journal，而不是Magazine杂志。

“从一定程度上来说，有一流学科，就可能产出一流成果；有一流成果就能造就一流期刊；有一流期刊就能服务和促进一流学科建设。一流学科，一流期刊，互为依存，互为支持，互为拉动，互为作用。外语期刊在外语一流学科建设的作用至关重要。”[①]一流学科、一流成果、一流期刊三者的良性循环可用图4来表示。

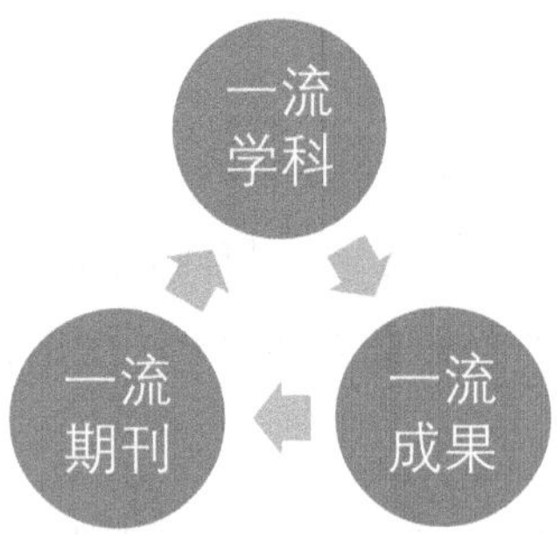

图4　一流学科、一流成果、一流期刊三者间的良性循环

阿拉伯语专业和外语学科关系密切，这一循环对专业来说同样适用。

①庄智象：《建一流外语学科，办一流外语期刊》，《编辑学刊》，2020年第2期，第7页。

我们在上文中明确了的学术努力重点和学术期刊有着非常紧密的关系。能在一流期刊发文证明此文为一流成果，一流成果由一流教师做出，一流教师属于一流专业。一流成果越多，科学引文的次数越多，该作者即该科学家的被引数量越多，专业就越是一流的。这一良性循环可用图5表示。

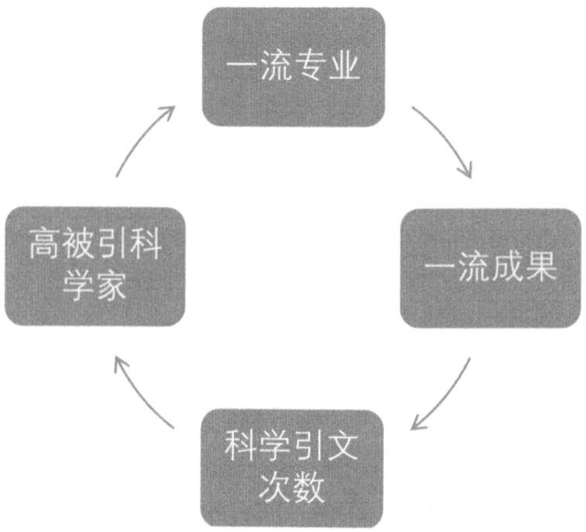

图5　专业、成果、引文次数、科学家四者间的良性循环

1. 外语类期刊概况

所以我们有必要了解一流学术期刊的情况，阿拉伯语作为外语学科，外语类一流期刊的情况是教师最应该掌握的。据不完全统计，我国发行的外语类期刊有50多种。其中属于CSSCI来源期刊的有11种：2019—2020分别是《上海翻译》《外国语》《外语电化教学》《外语教学》《外语教学理论与实践》《外语教学与研究》《外语界》《外语与外语教学》《现代外语》《中国翻译》《中国外语》。阿拉伯语属于外国语言文学，除了外语，文学也是一个重要阵地。文学类的CSSCI期刊有《俄罗斯文艺》《当代外国文学》《国外文学》《外国文学》《外国文学评论》《外国文学研究》等10多种。另外还有如《日语学习与研究》《中国俄语教学》等20多种普通外语类期刊。这些期刊大多数为双月刊和季刊，少数为半年刊。大部分期刊每期发文量在10—20篇，栏目设置为5—10个，涉及的方向有：语言学、翻译学、文学、教育学、跨文化交际、测试学、书评等，从层面来看既有宏观也有微观，总体涵盖了外语学科所涉及的绝大多数方面。这些期刊整体上反映了我国外语学科的整体情况和水平。除了这些期刊外，一些会刊也值得我们关注，比如伴随“联盟”成立而创建的《外语高教研究》会刊，以“外语”和“高教研究”为特色，定位高，资源广，是非常有潜力的学术刊物。总的来说，“无论是在学术传播与价值评价、学术中介与引领，还是在学术人才与学科培养上，外语学术期刊都对我国外语学科甚至社会文化的发展做了大量卓有成效的知识服务贡献。”[①]

这些期刊大多数刊载英语语言、文学、教育方面的研究文章，其次刊登日语、俄语、德语、法语、西班牙语的研究文章，阿拉伯语的研究文章刊载量非常小，可谓凤毛麟角。

2. 建议

如何提高阿拉伯语研究文章在期刊中的发文量，这是一个阿拉伯语专业必须要研究的问题。

（1）提高文章质量。不可否认，阿拉伯语研究和英语等其他西方语种研究之间还有不小的差距，如果从研究的层次来看，英语研究属于第一梯队，俄语、德语、法语等西方语种研究在第二梯队，阿拉伯语应属于第三梯队。虽然阿拉伯语研究在中国起步的时间并不晚，但由于从业的人数太少，改革开放后西方语言掌握绝对话语权等因素，阿拉伯语研究的影响力并不大。一方面，阿拉伯语研究者要学习英语等大语种的先进研究经验，另一方面，也要从阿拉伯语自身发掘有个性的独特因素，做出一些标志性的原创性成果。

（2）呼吁期刊为阿拉伯语等小语种开辟固定栏目和单元。期刊目前的一个问题就是“缺乏特色和个性，栏目雷同”，[②]期刊需要有自己的特点和个性，需要特色鲜明，独特的栏目。基于此，将阿拉伯语等小语种研究作为一个栏

①纪秀明：《外语期刊对区域国别学科智库功能的实现路径及问题》，《外语学刊》，2024年第4期，第107页。
②庄智象：《建一流外语学科，办一流外语期刊》，《编辑学刊》，2020年第2期，第8页。

目特色或是一个期刊的特色不失为一个可以尝试的选择。也可尝试做定期的专题研讨，或将阿拉伯世界同西方不同的学术观点介绍出来引起学术讨论和争鸣。总而言之，让小语种有一个为自己发声的阵地，否则小语种将长期处于和英语等大语种的不对等竞争当中。

（3）办一本阿拉伯语研究的期刊。提高发文量的最终解决办法还是要拥有一本属于本学科专业的一流期刊，这才是最坚固的阵地。但要达成这一目的需要整个阿拉伯语专业、阿拉伯语界长期的努力，有条件的院校和专业可以先从年度论文集做起，按照程序由弱到强，从小到大，这需要学校和专业持续的财力、人力和物力支持。

3. 建立高水平科研实践团队

“外语学科的高水平学术团队一般具有学历高、专业能力强、教学水平高、科研能力强、国际化程度高等特征，特别强调海外名校毕业或访学、海外学术交流合作、科研成果的国际显示度等指标。”[①]上述所强调的高水平团队对教师的要求，我们认为，高水平团队不光要有教师（包括科研、行政人员），还应该有优秀研究生（包括硕士、博士、博士后）和本科生。而且上述强调的是科研，我们认为高水平团队应该科研、实践并重。

3.1 如何让本科生、研究生尽早参与融入科研实践

一流的科研实践不光需要教师的参与，还需要本科生、研究生的参与，由教师指导研究生和部分本科生协助科研项目的完成，这样的实践经验对学生来说是他们未来走进科研领域的钥匙。让阿拉伯语专业的学生尽早参与和融入科研，早进课题、早进团队，加大科研资源向本科生开放力度，提高学生科研实践能力和创新创业能力。鼓励师生研究“同频共振”，切实发挥导师“导学导研”的重要作用，推动科学研究与人才培养二者互为支撑、深度

① 李岩松：《贯彻全国教育大会精神，共促一流外语学科发展》，《外语界》，2019年第3期，第5页。

融合。[1]同时，要加强教师科研成果作为授课内容向学生展示，让学生享受本专业最新的科研成果，让学生了解科研创新的思想和科研实践的方法，鼓励师生间的学术交流。科研的过程就是一个发现问题，解决问题的过程，要下大力气培养学生发现问题，解决问题的能力。再者，在新文科的大背景下，以“问题”为导向的教学和科研成为一个新的发展趋势，科研本身就是发现问题、研究问题、解决问题的一个过程，教会学生这三个过程也就是引导学生走入科研的大门。“坚持以‘问题’为契机与载体开展专业建设改革，在维护优良传统的基础上坚持守正创新，通过评价方式改革等手段完善教学体系，不失为行之有效的专业建设思路。”[2]

世界上著名的外国语大学，如东京外国语大学，很早就重视学生科研能力，“根据2006年对毕业生就职企业的调查，只有44.9%的企业认为东外毕业生在学术专业领域的知识方面表现良好。”[3]认识到教育中存在的不足后，2012年，东外进行了改革。这个事实向我们说明企业非常需要学术专业领域知识良好的员工，而学术专业领域知识正是科研能力的一种体现。所以培养学生的科研能力至关重要，有了较强的科研能力，才能在实践当中有所作为，才能在工作后得到工作单位的认可。

3.1.1 本科生

目前我国阿拉伯语本科教育中存在的一个主要问题就是本科生接触科研的机会很少，本科生在本科阶段所受的教育倾向于掌握语言技能，在语言学得还不到家、其他学科理论基础薄弱的情况下想要进行科研是非常困难的。但是对本科生进行基础性的科研训练是可行的。本科生可以配合教师进行教

①刘宏、王军哲、罗林，等：《外国语言文学学科高质量发展的路径》,《北京第二外国语学院学报》，2020年第4期，第11页。

②王奕红、韩亦男：《“问题”核心：新文科视阈下日语专业建设探析》,《外语教学理论与实践》，2023年第6期，第56页。

③钱昕怡：《日本高校的外语专业改革研究——以东京外国语大学外国语学部的改编为例》,《中国人民大学教育学刊》，2014年第2期，第86页。

材参考书的编写，《新编阿拉伯语》第一册、第二册和第三册都有已经正式出版的参考书，参考书中有课文的中文译文、每一课中的重点讲解和课后练习的参考答案。我们仿照现有参考书的模式，在教师的指导下，由全体三年级同学编写了《新编阿拉伯语》第四册教学参考书，书中编写了对话、课文、句型、课后练习的中文参考译文、重点词组总结、难点的讲解、课后练习题的参考译文和参考答案。每一部分内容交给一位或若干位同学完成，完成者的名字被标注在相应部分的后面。同学完成后，将写好的内容传给老师审阅，老师修订后定稿。这些工作既是同学们的家庭作业，又可以检验同学们对所学内容的掌握程度，同时训练了同学们基础的科研能力，最后还能保留一份科研成果，前人栽树，后人乘凉，为学弟学妹们留下可供参考的宝贵资料。

我们将这种教师和本科生一起做科研的方式称为“师生科研法”。这种方式适用于各种课型，只要针对不同课型的特点稍加调整即可。在阿拉伯语阅读这门课中，我们也使用这种方法。阿拉伯语阅读课也使用《新编阿拉伯语》这套教材，每一课中都有阅读部分，我们要求学生将阅读部分的文章翻译为中文，并将文章中出现的重要词组和句型总结下来背诵。学生写好的材料交给教师审阅，由教师最后定稿并发到网上（QQ群、微信群或微博等社交媒体）以供同学们参考、复习。一学期的课程上完后，将学生和教师共同完成的材料汇总编纂成书发给这门课程的学生，方便他们期末总复习，也当做一个师生共同工作的一个纪念。至此完成了师生科研工作的第一阶段。

当下一学年开始，这门课重新开始的时候，教师可在每堂课的课后将这一课的参考内容发给学生复习。在这一学期之内，要求学生们和教师共同完成另一部阿拉伯语阅读教材的教参编纂工作。工作由以下几部分组成：（1）阿拉伯原文的标音。（2）中文参考译文。（3）文中重点语法点、句型、词组的总结。（4）学习文章中出现的困惑。（5）提一个或多个和文中内容有关的问题考考别人。可以将一部阅读教材中的每一课分给一位同学或若干位同学来承担，能力强的同学可以一个人负责一课，其他同学可以若干人合作负责一课。工作中的五部分并不是一成不变的，可以根据不同的教材加以变化，如教材中阿拉伯语原文本来就有标音，那么第一部分就没有必要做了；如教材中原本就有中文参考译文，第二部分也可以省略，但是翻译无定本，同学们如有翻译的欲望和兴趣，也不用禁止他们；第三部分到第五部分是将对分课堂的核心理念融入师生科研活动当中，第三部分是必须的，一课中总有学生需要掌握的亮点，要让他们将其总结下来、提炼出来；第四部分也不是必须的，学生通过自己的努力完全有可能排除这一课的所有难点。如在经过自己思考和小组讨论后还是无法解决的困惑，就写在第四部分提交老师解决；第五部分也是必须的，对这一课的内容提一个或若干个问题，这些问题作为课后的思考题供其他同学思考解答，当然，提出这些问题的同学自己必须先有答案，出题者的答案应附在问题的后面以供参考，教师在转述这些问题时应先将答案隐去。

教师规定学生在一个月之内完成这项科研工作，作为期中成绩。一个月期满各小组提交研究成果，由教师审核评定，通过的由教师最后审阅修正定稿，未通过的延长半个月期限修改，半个月再次提交，通过的由教师最后审阅修正定稿，仍未通过的期中成绩不及格。期中成绩根据各小组提交的研究成果打分。教师将所有材料收集汇总编纂成册发给学生供学生学习，期末考试试卷内容分为两部分，第一部分为课堂讲授教材中的内容，第二部分为师生科研成果中的内容。将师生科研成果纳入期末考试内容，倒逼学生学习师生科研的成果。

每学期的师生科研成果向本专业教师、学生公开，年复一年，师生科研成果成倍积累。这些成果为那些学有余力、吃不饱的学生提供了宝贵的自学资料，促进其水平向更高层次发展；对那些学习吃力的学生来说，这些成果是他们学习的帮手和拐杖，也能帮助其快速提升、不掉队。这些成果也帮助教师扩展知识面、提高水平。

进入第三阶段后：第一步，将第一阶段的师生科研成果引入课堂教学中使用。第二步，将第二阶段的师生科研成果发给学生供学生课下自学使用。第三步，选取一本新的阅读教材作为本学期师生科研项目，科研内容、步骤和第二阶段相同。

进入第四阶段后：第一步，第一阶段成果的用法不变。第二步，第二、三阶段成果发给学生供学生自学。第三步，再选取一本新的阅读教材作为科研项目。

以后的每个阶段，第一步、第三步不变，第二步增加一个阶段的成果。

这样做的好处在于，（1）锻炼了每位同学的基础科研能力，教师将他们领入科研的大门。（2）学有余力的同学可以多学、多看书，将前几个阶段积累的成果都消化掉，在相同的时间内阅读量越大，词汇积累就越多，语言水平就越高。（3）一般的同学没有能力消化所有的成果，但他们多了挑选的余地，除了课本内容以外，还丰富了他们的学习内容。（4）能力弱的同学只有能力完成课本规定的内容，但因为有了师生研究成果，他们学起来就没有那么吃力。所以这种师生共同研究的方法有助于提高不同层次学生的水平。

5. 通过研究国内外的同类著作，知己知彼，取长补短，为系统研究这门课程、编写出质量更高的教材打下坚实的基础。

3.1.2 研究生

研究生拥有了坚实的语言基础和初步的科研能力，锻炼他们的科研能力是一个重要的目标。“外语学科研究生科研能力是指其在外语及与外语呈交叉趋势学科（如教育学、心理学、社会学、计算机科学等）领域探索真理与产生创造性成果所需要的综合能力。”①

在平时的课堂教学过程中，通过写读书笔记来锻炼学生的文献综述能力是一条可行的方式。人文学科的科研成果大多通过著作、论文、调查报告等形式来呈现。这些文本都要遵循基本的学术文献的写作模式，其中对以往学者的研究成果的梳理也就是文献综述都是必不可少的，这也是硕士、博士毕

① 樊晓燕：《新文科背景下我国外语学科博士研究生科研能力实证研究》，《西安外国语大学学报》，2023年第2期，第62页。

业论文的一个重要组成部分，文献综述写得好对整篇论文都是一个质的提升，所以锻炼研究生写文献综述的能力非常重要。写文献综述的前提是大量阅读文献资料，将这一学科分支前人研究的成果全部收入囊中，从中理出一条清晰的发展脉络。

在实际操作中，教师规定学生每两周读一部本课程相关著作并撰写读书笔记，最后提交老师审阅。教师在课上也会拿出一些时间给同学就自己的读书笔记发言，分享阅读该作品的收获、书中某些问题的困惑等。教师将学生提交的读书笔记汇总到一个文件中发到网络社交媒体上（如QQ群、微信群等）供同学们相互学习、交流借鉴，通过他人的读书笔记了解该书的大致情况，扩大自己对该领域的掌握情况。读中文、英文、阿拉伯文相关领域书籍均可，教师会建议学生先从中文开始，先将国内研究该领域的情况了解清楚，再研究国外的情况。这也符合文献综述中分国内研究情况和国外研究情况的方法。

通过大量阅读文献、撰写读书笔记、阅读他人读书笔记，学生们表示收获很大，对该领域的认识逐渐深入，对该领域国内外的发展情况有了一个逐渐清晰的轮廓。这对学生科研水平的提升是大有裨益的。

在博士研究生的科研能力方面，樊晓燕的研究结果表明“外语学科博士生的学术语言表达能力和逻辑思维能力是其科研能力结构中最薄弱的维度；科研能力与科研产出呈显著正相关，逻辑思维能力和学术语言表达能力对科研产出具有显著的正向影响。外语学科女博士生的科研能力显著低于男博士生，跨专业考入的博士生的问题意识与批判能力显著低于本专业考入的博士生。外语学科博士生的科研能力受到导师指导时间的显著影响，但大部分导师指导时间严重不足。因此，建议外语学科博士生培养单位通过开设博士生学术论文写作课程和逻辑学课程、加强女博士的科研规划指导、加大导师指导力度、注重交叉学科知识传授等提升培养质量。”[1]

---

①樊晓燕：《新文科背景下我国外语学科博士研究生科研能力实证研究》,《西安外国语大学学报》，2023年第2期，第67页。

二、阿拉伯学与区域国别研究

1. 建设有中国特色的阿拉伯学

如果说我们的理工科已发展到在有些方面完全能够与西方在同一平台上竞争，那么在文科方面，说得直白一点，我们并没有登上同一平台。相对于西方的人文学科，我国文科的发展相对滞后，还有很大的加速空间。我们的外国语言文学、社会学、政治学学科的理论多数是从国外引进的，我们自己的原创理论屈指可数。有人称之为“失声”，称文科的工作是“搬运工”，称文科的做法是“拿来主义”。[①]

2019年4月，科技部和教育部联合起草了《关于共同推进高校加强“从0到1”基础研究行动方案》，此举是针对我们学术界长期以来引用海外理论和观点、缺乏原创性的问题的解决方案，这也充分表明“高校加强理论体系创新、做好原创性研究具有重要性、必要性和急迫性”。[②]吴岩（2019）提出，新时代哲学社会科学发展的新要求包括建设具有中国特色、中国风格、中国气派的先进文化，培养新时代社会科学家，促进哲学社会科学与新一轮科技革命、产业变革交叉融合，构建哲学社会科学的“中国学派”等。彭青龙（2018）认为，基于中国从大国向强国迈进的需要，外语学科的科学研究要以构建中国特色的学术话语体系为己任，助推人类命运共同体建设。

阿拉伯语专业要培育新时代中国特色的阿拉伯学、中东学，培养新时代的阿拉伯学、中东学学家，形成阿拉伯学、中东学的中国学派。欧美已经形成了自己的中东学、阿拉伯学，他们有自己的研究方法和认识论。全盘否定欧美的学说是不可取的，全盘接纳则会丧失自身的话语权、创新性，“我们必须有自己对外部世界的认识方法和理论，我们所形成的认知和提出的理论

① 张剑：《外国语言文学的学科边界与“新文科”的交叉融合》，《上海交通大学学报（哲学社会科学版）》，2023年第1期，第110页。

② 李岩松：《贯彻全国教育大会精神，共促一流外语学科发展》，《外语界》，2019年第3期，第5页。

应有中国特色。”[①]“依据地域性研究活动而建立‘地域性学科’(如非洲学、拉美学、中东学、亚洲学等)，就是将分化的学术与知识又统筹起来，交叉起来，从而共同来关注同一特定地域的一些基本问题或共同问题。”[②]阿拉伯学、中东学是跨学科的，范围可以定得大一点，只要和中东有关系的都可以囊括进来。如果范围小了，后期操作的时候就会缩手缩脚。阿拉伯学、中东学包括文学、语言学、政治学、历史学、经济学等等。一门新兴的学科总是很难界定其归属，如国别区域发展伊始，有学者认为其属于政治学下属二级学科国际关系学的研究对象；有学者认为其属于外国语言文学的研究对象。还有像跨文化交际学，有人说属于管理学，有人说属于外国语言文学。其实这些新兴学科和阿拉伯学、中东学一样，都是跨学科的研究。那么既然是跨学科研究，只掌握一门学科显然是不够的，也就是说只学语言是不够的，应该是“语言群+X”，除了学汉语、英语、阿拉伯语之外，再学至少一门其他学科专业方向的知识，能力强的，也可以多学几门学科。

提到“跨学科”，相关的概念一般有三个：多学科、跨学科和超学科。多学科注重将学科并置或并列而非融合，学科间可并无关联。跨学科关注两个或以上学科的互动综合，在科研方面指利用多学科、多领域专家或借助不同学科间可相互丰富的概念、方法与知识展开研究。跨学科的认知层次高于多学科。超学科比跨学科有更高认知水平，是最高程度学习整合，是一种更高级或最高级的跨学科，超学科的交叉融合包括学科间、学科与非学科间、专业内与专业外。[③]达到跨学科和超学科才能达到新文科对外语专业科研发展的要求。

古代阿拉伯历史上的那些著名的学者，有很多人都是跨学科的大学者。比如伊斯兰科学登峰造极的象征伊本·西纳，他既是医学家又是哲学家、化

①张蕴岭：《关于区域国别学学科建设的思考》,《东亚评论》，2023年第2期，第6页。

②刘鸿武：《中国区域国别之学的历史溯源与现实趋向》,《国际观察》，2020年第5期，第55页。

③陈思宇：《新文科外语专业跨学科知识整合的形成性评价与引导策略》,《社会科学家》，2023年第10期，第151页。

学家、光学家；再如拉齐，既是医学家又是哲学家；侯奈因·本·伊斯哈格既是翻译家又是医学家……他们的研究都是跨学科的，跨越人文学科、医学、理科、工科，这恰恰就是“新文科”对人才培养的要求，“学科交叉不仅体现在理科和文科领域之内，也体现在理科与文科之间。”[①]学科之间的交叉融合更体现在文医交叉、文理交叉、文工交叉。研究阿拉伯古代历史中的著名学者如何能够实现这种交叉融合，对我们实现“新文科”背景下各学科的交叉融合和复合型人才的培养具有重要意义。

2. 重视区域国别学的发展

区域国别研究开始于英法等欧洲国家，伴随着地理大发现，欧洲国家开始了对全球的探索，他们需要了解本国本地区以外的国家和地区。“英国于1916年成立伦敦大学亚非学院，这是英国最早的区域国别研究院之一。该学院是欧洲制定相关亚洲与非洲战略重要的智囊机构，也是英国唯一一所专门研究亚洲、非洲、近东和中东的高等教育机构。”[②]除此之外，世界上起步较早，在区域国别方面很有建树的还有法国巴黎东方语言文化学院、日本东京外国语大学国际与地区研究学院、俄罗斯莫斯科国际关系学院、美国哥伦比亚大学东亚研究中心。美国经历了二战和冷战后，逐渐发展强大起来，开始重视区域国别研究，虽然也有人批评美国的区域国别研究，比如“有学者批评区域国别研究是一项政治运动，诞生之初就是为研究所谓‘敌人’的，因此仅仅呈现为对某一区域的‘描述性’研究。”[③]但发展到今天，美国拥有了最为成熟的研究体系——“政府、国会、基金会和高校‘四位一体’的区域国别研究体系，为今天中国建设区域国别学提供了非常有益的参考样本和发

①张蕴岭：《关于区域国别学学科建设的思考》，《东亚评论》，2023年第2期，第2页。

②张蔚磊、邹斌：《区域国别外语人才培养：为什么？怎么做？》，《外语教学理论与实践》，2023年第3期，第19页。

③陈征、周润琪：《美国高水平区域国别研究机制建设的经验与挑战——以哈佛大学费正清中国研究中心为例》，《日本学研究》，2024年第1期，第30页。

展思路。”[①]虽然“美国的区域国别研究从一开始就没有建立新学科的愿景，仅仅是通过成立针对某对象国的研究机构，把对该国感兴趣的来自各个领域的学者聚合起来，鼓励跨学科合作。”[②]但是中国的区域国别学已经成为了一个一级学科，这便有了中国特色。中国区域国别研究的发展经历了三个阶段，“最初，区域国别研究发轫于新中国成立之后，是国家在革命与战争时代中为求生存而进行的研究。区域国别研究第二次高潮则是在改革开放之后，中国为融入国际社会、参加国际经济大循环而开展区域国别研究。进入新时代，中国日益走近世界舞台中央，提出高质量共建‘一带一路’倡议，积极参与引领全球治理体系变革与建设，对外合作交流进入到一个崭新的层次。”[③]“无论西方还是中国，服务国家战略需求是区域国别研究兴起的原动力。把区域国别研究作为一个独立的一级学科则无疑是中国的一大创举，也是我国区域国别研究历史上的一个里程碑，为其飞速发展注入了强劲动力。”[④]我国大力发展区域国别学也是非常必要的，因为“无论是一带一路倡议的落实，还是中国文化走出去，都需要对对象国和区域有全面而深刻的了解。”[⑤]

2012年，国务院学院委员会第六届学科评议组正式将外国语言文学的学科内涵定义为五大研究方向，即外国文学、语言学与应用语言学、翻译学、国别与区域研究、比较文学与跨文化研究。这是对外国语言文学学科内涵的一次拓展，从原有的语言、文学、翻译三大方向，扩展为五大方向。[⑥]

---

①陈征、周润琪：《美国高水平区域国别研究机制建设的经验与挑战——以哈佛大学费正清中国研究中心为例》，《日本学研究》，2024年第1期，第17页。

②同①，第31页。

③张维琪、孙志伟、忻华：《区域国别学学科建设的多维探索：以上海外国语大学为例》，《国际观察》，2023年第2期，第135页。

④谢韬：《区域国别研究：从服务国家战略需求到建构自主知识体系》，《清华大学学报（哲学社会科学版）》，2024年第3期，第36页。

⑤彭青龙：《外语学科区域国别学人才培养与科学研究面临的挑战、机遇和定位》，《外语教学理论与实践》，2023年第1期，第13页。

⑥张剑：《外国语言文学的学科边界与“新文科”的交叉融合》，《上海交通大学学报（哲学社会科学版）》，2023年第1期，第101页。

国务院学位委员会在2022版《博士、硕士学位授予与人才培养学科专业目录》中增加了一个新的学科门类“交叉学科”，包括9个一级学科：1）集成电路科学与工程；2）国家安全学；3）设计学；4）遥感科学与技术；5）智能科学与技术；6）纳米科学与工程；7）区域国别学；8）文物；9）密码。[①]“对于我国设立区域国别学一级学科，大致有三种说法：一是人才培养的需要；二是研究的需要；三是国家战略需要。”[②]“区域国别学，就学科来说，是一个整体，但内容结构上是包括区域和国别的，二者有联系，也有区别。区域是国别的地缘载体，国别是区域的构成基础，这是二者之间的内在关联性。但区域和国别都有本身存在的方式和特性。国外一般用‘区域学’（area studies），我国用区域国别学（region and country studies），相比之下，我们的用法更能体现这个学科的内涵与特征。”[③]

2024年，国务院学位委员会发布了《研究生教育学科专业简介及其学位基本要求》（试行版），其中明确了区域国别学的六个框架性二级学科或方向：区域国别专题研究、区域国别比较研究、区域国别学理论方法、区域国别综合研究、全球与区域治理、中外文明交流互鉴。

区域国别研究指的是“对域外地区或国家做全方位的研究，是一个跨学科的研究领域，需要多学科参与。”[④]“区域国别学就是对某一区域和某个国家进行人文社会科学的全面而系统的研究，围绕某个领域的专题，进行综合研判，形成具有针对性和前瞻性的调研报告和决策咨询报告，为国家相关部门的决策提供借鉴。”[⑤]“凡是以某一域外国家或区域为主要研究对象、以探究该

①《国务院学位委员会 教育部关于印发<研究生教育学科专业目录（2022年）><研究生教育学科专业目录管理办法>的通知》https://www.edu.cn/rd/gai_kuang/xin_wen_gong_gao/202209/t20220915_2245664.shtml 访问时间：2024年7月17日。

②张蕴岭：《关于区域国别学学科建设的思考》，《东亚评论》，2023年第2期，第5页。

③张蕴岭：《关于区域国别学学科建设的思考》，《东亚评论》，2023年第2期，第7页。

④钱乘旦：《关于区域国别研究的几个问题》，《史学理论与史学史学刊》，2022年第2期，第7页。

⑤彭青龙：《外语学科区域国别学人才培养与科学研究面临的挑战、机遇和定位》，《外语教学理论与实践》，2023年第1期，第11页。

国家或区域某方面具体知识的研究应属于国别与区域研究的范畴。”[①] “区域国别学属于国际问题研究范畴，区域国别研究是国际问题研究的主要内容。”[②] 在我国的国别与区域研究中，最常见的聚焦领域是外交或国际关系，因为这是外国语言文学学科最容易涉及的领域，也是外国语言文学专业的毕业生的传统就业领域。[③] “人们对要不要推动区域国别研究基本取得共识，都认为区域国别研究非常重要，需要大力推进，但在如何推进区域国别研究方面至今仍有分歧。”[④] “区域研究大体可以分为：基础研究、功能研究和制度研究。基础研究着重对构成区域的基础因素——地缘和国家进行研究；功能研究着重对构成区域的链接机制——政治、经济、文化在区域运行中的功能进行研究；制度研究着重对国际区域的制度构建和治理进行研究。”[⑤] “区域国别研究身兼两项重任，一是提供政策咨询，二是生产学术知识。然而政策研究与学术研究之间存在明显的张力，如果处理不好二者之间的关系，就可能造成顾此失彼。这个张力主要体现在三个方面，一是学术研究的公开性与政策研究的非公开性，二是学术的批判性与政策的权威性，三是学术研究的思辨性和政策研究的实用性。”[⑥] 最好的办法是“在鼓励资政服务的同时，也应该鼓励研究者自由选题，就自己感兴趣的话题或前沿性话题开展系统和深入研究，最终实现政策研究与学术研究齐头并进，而不是顾此失彼。”[⑦]

经过若干年的发展，目前我国的区域国别研究呈现出以下特点：“首先，国别与区域研究的成长得到国家发展形势和发展战略的强力牵引。其次，国

---

①杨庆龙：《当前外语学科下国别与区域研究面临的问题及其对策》，《外语教学理论与实践》，2023年第3期，第28页。

②张蕴岭：《关于区域国别学学科建设的思考》，《东亚评论》，2023年第2期，第2页。

③张剑：《外国语言文学的学科边界与“新文科”的交叉融合》，《上海交通大学学报（哲学社会科学版）》，2023年第1期，第107页。

④钱乘旦：《关于区域国别研究的几个问题》，《史学理论与史学史学刊》，2022年第2期，第8页。

⑤同②，第11页。

⑥谢韬：《区域国别研究：从服务国家战略需求到建构自主知识体系》，《清华大学学报（哲学社会科学版）》，2024年第3期，第40页。

⑦同⑥，第41页。

别与区域研究植根于外国语言文学并因学科内涵的扩展而实现发展。第三，国别与区域研究的学科专业定位和研究取向不断调整和拓展。第四，国别与区域研究的立身之本和特色优势是外语工具的掌握和使用。第五，国别与区域研究在外语学科内外均发挥着独特作用。”①

区域国别研究“目前存在两个‘未覆盖’：第一未能覆盖世界多数地区和国家；第二未能覆盖全部的知识领域，如气候、环境、地理、资源、水源、技术、人口、宗教、习俗、文化等。为什么做不到两个‘全覆盖’？根本原因是缺乏人才。发展我国区域国别研究的根本出路是培养人，培养人的唯一途径是设学科。”②目前，区域国别学人才培养还存在着不足：“第一，国别区域人才培养常常局限在单个国别或区域的知识，缺少跨国别、跨区域以及全球层面的知识。第二，国别区域人才对党和国家政策熟悉程度不够，对我国国情了解不够。第三，在国别区域人才培养过程中对自身外语学科的优势缺乏重视和体现。第四，国别区域人才培养重视知识的传授，而在能力和素质培养上存在缺陷。”③于是乎，“区域国别学”应运而生。“区域国别学的人才培养目标是‘通才+专才’。‘通才’指对一个国家或地区的所有知识都有基本的、常识的、广泛的了解，即所谓‘某国通’。‘专才’应该对某个国家或地区的某一领域有深入研究，是这个领域的专家。”④目前世界上主要有三种区域国别高端外语人才培养模式：“美澳的海外浸入式实习模式、俄英的大文科跨学院模式、日韩的全方位世界通识教育模式。”⑤“美澳高校的外语教育不再以人文价值为核心目标，而是强调外语教育应该为国家安全、国家利益、国家经济发展和国家的外交政策服务，从而确立了培养高级复合型区域国别外语人才的目标。以跨学科为特征的‘语言和区域研究’学习项目在美国各高校

①李志东：《外语学科国别与区域研究：发展与挑战》,《外语学刊》，2021年第1期，第51-62页。
②钱乘旦：《关于区域国别研究的几个问题》,《史学理论与史学史学刊》，2022年第2期，第8-9页。
③郑春荣：《全球治理视域下国别区域人才培养探析》,《中国外语》，2020年第6期，第23页。
④同②，第9页。
⑤张蔚磊、邹斌：《区域国别外语人才培养：为什么？怎么做?》,《外语教学理论与实践》，2023年第3期，第18页。

广泛开展，为复合型高级外语人才培养打下基础。”①对区域国别高端外语人才的培养需要明确10个关键，即“关键国家、关键语言、关键领域、关键知识、关键方法、关键能力、关键视角、关键过程、关键资源、关键课程。”②区域国别外语人才培养可以有三种类型，“第一类是服务于国家战略的区域国别智库研究型人才。这类人才既能为政府提供各类咨政报告，同时也将成为区域国别学科建设的关键师资力量。第二类是满足国际市场需求的市场实践型人才。这类人才可以满足国际市场对高端复合型人才的需求，推动我国企业‘走出去’。第三类是具有全球胜任力的全球治理型人才。这类人才将代表中国参与国际事务，助力中国引领全球治理变革和建设。”③这三类人才分别是为教育科研机构、企业、政府培养的。对域外广泛而深刻的认识和了解不光可以帮助我们提高对那些国家和地区的认知水平，同时还有助于中国文化的对外输出、讲好中国故事。“事实上，从事区域国别研究者更能讲好自己的故事，语言能力加上对对方的了解，能用让对方听得懂、易理解的方式讲故事。”④“世界史与外语是区域国别研究的两大支柱，把这两根支柱抓住了，区域国别学人才培养才具备基本条件，其‘通才+专才’的培养目标才有实现的基础。”⑤除此之外，图书馆建设对区域国别学的人才培养和学术研究成果产出也至关重要，尤其是收集和积累目标国家和地区的第一手资料。区域国别研究为外语学科的转变提供了一个契机，“外语既是语言工具，又是知识载体，区域国别学学科建设为外语学科由以语言工具为中心向语言知识为中心转变提供了学科支持。”⑥这或许正契合了某些学者的观点，“外语仅仅是一个

---

①张蔚磊、邹斌：《区域国别外语人才培养：为什么？怎么做?》,《外语教学理论与实践》，2023年第3期，第19页。

②同①，第25页。

③沈骑、顾钧仪：《区域国别学视域下外语人才培养的模型构建与优化路径》,《外语教学与研究》，2024年第4期，第619页。

④张蕴岭：《关于区域国别学学科建设的思考》,《东亚评论》，2023年第2期，第7页。

⑤钱乘旦：《关于区域国别研究的几个问题》,《史学理论与史学史学刊》，2022年第2期，第10页。

⑥张蕴岭：《关于区域国别学学科建设的思考》,《东亚评论》，2023年第2期，第4页。

起点，与外语密切联系的国际问题研究才更为重要。”[①]有学者认为要想成为合格的区域国别研究者，首先要在本硕博阶段有两次深度田野经验，每次田野调研时长不少于3个月；其次要求学者们拥有两个学科背景；最后则是在具备了学科背景和区域国别知识后，展开至少两个议题的专项研究。三个条件达到后才能形成区域国别研究者“2+2+2”的核心竞争力。[②]

外语在区域国别研究中发挥了重要作用，“语言能力对于区域国别研究至关重要，掌握对象国语言是开展区域国别研究的基本技能。”[③]“外语学科研究不同语言及其文化体系，必然涉及到语言所属国家或地区的文化、历史、社会等各个领域。”[④]“区域国别研究者可根据研究问题、研究深度、地区语言状况等建构自己的多语能力。”如联合国六大官方语言之一的阿拉伯语就是一种国际语言，因为它拥有国际性的影响力、在学术领域有突出的作用、还能够代表重要文化区域和学术传统，在中东地区研究当中发挥重要的作用。[⑤]世界上著名的区域国别机构都非常重视外语水平，他们“在教学目标中对学习者的多语能力提出了具体明确的要求，包括语种要求和语言水平要求。除强调英语能力外，各院校都要求学习者熟练掌握对象国家或区域所使用的语言，并在教学目标中提出明确的语言能力等级标准。”[⑥]掌握了研究对象国的语言，就可以阅读对象国的第一手资料，这一点非常重要，因为“阅读一手资料和引用一手数据可以最大程度上减少误读和误用，可以使研究结果更加

①张维琪、孙志伟、忻华：《区域国别学学科建设的多维探索：以上海外国语大学为例》，《国际观察》，2023年第2期，第144页。

②朱兰、王秀红：《我国区域国别研究型人才培养机制创新——基于当代英美发展的比较视角》，《东北师大学报（哲学社会科学版）》，2023年第2期，第155-156页。

③陈征、周润琪：《美国高水平区域国别研究机制建设的经验与挑战——以哈佛大学费正清中国研究中心为例》，《日本学研究》，2024年第1期，第28页。

④潘震：《新时代外语学科区域国别研究与外语专业人才培养路径》，《西安外国语大学学报》，2024年第2期，第43页。

⑤赵蓉晖、冯健高：《区域国别研究视角下的语言能力：地位与内涵》，《外语界》，2020年第3期，第26页。

⑥沈骑、顾钧仪：《区域国别学视域下外语人才培养的模型构建与优化路径》，《外语教学与研究》，2024年第4期，第620页。

准确。”[①]特别是在翻译外文文献的过程中。但是外语只发挥工具作用还是超越其工具性，学界的认识还不统一。“当前，学界对翻译在区域国别研究中的价值的认识不统一。一方面，作为不同语言转换的工具，翻译的价值得到广泛认可；另一方面，作为知识生产、知识迁移、话语竞争、价值传递的主体创造行动，翻译的价值却未被充分认可，甚至不被认可。”[②]但不管怎么说，外语学科教师在从事区域国别研究时具有先天的优势，因为“时代赋予外语学科区域国别学人才培养和科学研究的巨大需求优势，外语学科区域国别学的人才培养和科学研究的多语种优势明显，外语学科区域国别学研究成果具有较强的人文性和深刻性。”[③]“具有外国语言文学背景的研究者最容易入手的研究是对象国文学与艺术。中国的区域国别研究者很大一部分是全国各大高校的外语专业教师，在文学与艺术的传统领域具备研究优势，转型的难度较低。此外，区域国别研究的重点宜布局在社会与组织、经济与产业、政策与制度以及历史研究方面。对象国人物研究也是区域国别学中非常关键的一环。”[④]“借助外语学科优势和专业特点，可以与特定国家或地区进行更为直接和深入的交流，更直接、更精准地获取、理解和分析相关国家或地区的数据和信息，为区域国别研究提供更全面、客观的视角和参考。”[⑤]“外语学科是哲学社会科学学科中的组成部分，也是区域国别学发展所依托的重要科学之一，国家大力推动高校哲学社会科学高质量发展将为外语学科区域国别学的人才

①刘珣：《新文科背景下外语学科区域国别研究人才培养模式探索》，《对外经贸》，2022年第10期，第127页。

②李萍：《翻译与区域国别研究的知识翻译学观察》，《当代外语研究》，2023年第1期，第16页。

③彭青龙：《外语学科区域国别学人才培养与科学研究面临的挑战、机遇和定位》，《外语教学理论与实践》，2023年第1期，第13-14页。

④陈征、周润琪：《美国高水平区域国别研究机制建设的经验与挑战——以哈佛大学费正清中国研究中心为例》，《日本学研究》，2024年第1期，第36页。

⑤潘震：《新时代外语学科区域国别研究与外语专业人才培养路径》，《西安外国语大学学报》，2024年第2期，第43页。

培养和科学研究带来难得的发展机遇。”① “如果研究者不掌握其所研究的国家或地区的语言，那么其从事区域国别研究的能力肯定会受到极大的限制。”② 我国外语类大学的英文名称往往是Foreign Studies University或者International Studies University，这表明外语类大学的内涵不限于外语，其内涵是更为宽广的“国际研究”“外国研究”，而且“自20世纪80年代以来，很多外语类院校都从单一的外语院校向多学科复合型院校转型。”③ 区域国别研究本身就是一种复合型、多学科交叉式的研究，对外语类大学来说，这便有了进行区域国别研究的基础和优势。“外国语言文学学科框架下的区域国别研究及其人才培养须在明确语言能力地位的前提下做好结构设计，有序整合人类中心论研究范式与语言教育和研究，有机结合语言能力和研究能力培养，有利推动相关研究和人才培养工作迈入新阶段。”④

区域国别研究对外语学科教师提出了更高的要求，在拥有较高外语水平的基础上要和其他学科交叉融合，不光要懂外语，还要掌握社会科学的研究理论和方法，只有这样才能搞好区域国别学研究，做出高水平的研究成果。“国别与区域研究的语言研究路径与社会科学研究路径都是必要的，两者的结合才更符合国别与区域研究的跨学科属性，也符合近年来外语学科与社会科学学科融合发展的趋势，不能以一种研究路径排斥另一种研究路径。外语学科虽长于语言，但在进行国别与区域研究时若不与社会科学理论深度融合，则大多数研究可能会仅停留在对研究对象的描述性研究上。外语学科下的国别与区域研究，既应发挥自身语言优势，也应综合运用各门社会科学的知识与研究方法，这样才能更好地实现融合创新，做出高质量的研究成果。”⑤ 区

①彭青龙：《外语学科区域国别学人才培养与科学研究面临的挑战、机遇和定位》，《外语教学理论与实践》，2023年第1期，第13页。

②王正绪：《区域国别研究的发展模式、学科视野与研究方法》，《太平洋学报》，2024年第4期，第8页。

③郭英剑：《外语学科的国别与区域研究：概念、内涵、定位与内容》，《外语教育研究前沿》，2023年第1期，第24页。

④赵蓉晖、冯健高：《区域国别研究视角下的语言能力：地位与内涵》，《外语界》，2020年第3期，第27页。

⑤杨庆龙：《当前外语学科下国别与区域研究面临的问题及其对策》，《外语教学理论与实践》，2023年第3期，第28页。

域国别研究要求研究者具备“语言能力、文献搜集与实地考察能力以及撰写文章的能力。”①这些能力对一个区域国别研究这来说是必要的，但是这些能力的实现可能会成为挑战，因为“不管是语言学习还是海外田野调研，对于人才培养机构和研究者而言，所需资金投入都相对较大，需要相关的财政支持。”②同时，我们也应该看到外语学科教师在从事区域国别研究时的优势所在，“外语教师外语水平高，长期从事外国语言文学的教学与研究，能够及时掌握第一手资料，并理解文献的内涵，这对撰写时效性强的咨政报告和调研报告来说，无疑是一个不可替代的优势。”③有学者认为，区域国别研究者应具备三方面的能力：“第一部分为‘知识基础’，包括开展研究所需的国情区域知识、特定专业知识（核心专业理论与方法）和其他学科知识（跨学科理论与方法）。第二部分为‘信息素质’，包括信息获取能力（获得研究素材并做分析解读）和表达分享能力（撰写研究报告、开展学术和资政交流）。第三部分是‘创新思维’，指发现现实问题并整合各类知识、信息开展批判思维创新以解决问题的能力。”④

目前制约区域国别研究发展的因素还有很多，比如“第一，国别区域研究方向的学科地位仍未得到普遍认同，对国家有关学科内涵的相关规范要求落实不够深入人心。第二，外语学科国别与区域研究方向教学和科研力量较为薄弱，与国家发展对相关方向研究的需求不相适应。第三，外语学科国别与区域研究在理论与方法的创新发展上仍存在一定差距，对教学和科研质量水平的提升形成制约。”⑤虽然在区域国别研究发展的道路上有很多的荆棘和

---

①潘震：《新时代外语学科区域国别研究与外语专业人才培养路径》，《西安外国语大学学报》，2024年第2期，第45页。

②朱兰、王秀红：《我国区域国别研究型人才培养机制创新——基于当代英美发展的比较视角》，《东北师大学报（哲学社会科学版）》，2023年第2期，第157页。

③彭青龙：《外语学科区域国别学人才培养与科学研究面临的挑战、机遇和定位》，《外语教学理论与实践》，2023年第1期，第14页。

④赵蓉晖、冯健高：《区域国别研究视角下的语言能力：地位与内涵》，《外语界》，2020年第3期，第23页。

⑤李志东：《外语学科国别与区域研究：发展与挑战》，《外语学刊》，2021年第1期，第63页。

困难，但我们相信在党中央的坚强领导下，在全体教师、科研人员的努力下，我国的区域国别学一定可以响应国家的需求，为中国在国际舞台上发挥更核心作用提供坚实的智力支持。

至于区域国别学的研究方法，很多学者也发表了自己的观点。比如有学者认为“并没有什么区域国别研究专用的研究方法——区域国别研究的方法就是一般人文社会科学的研究方法。”①还有学者表示“外语学科的区域国别研究一般需要综合人文科学、社会科学、自然科学的理论知识及研究方法，通常有对比法、历时法、田野调查等主要方法。”②

三、智库服务与国家战略对接

高校应努力建设高水平研究机构和智库，积极打造高水平团队，让本专业教师成为高水平研究机构和智库成员，生产有影响力的研究成果，发挥专业优势，将主要精力集中在高校专业有优势的基础研究和应用研究，适当开展对策研究，为国家、地方政府的重大决策提供多方面的情报分析和问题判断。

国内外有若干既有成功经验值得我们学习。

东京外国语大学的亚非语言文化研究所下设有阿拉伯研究部，对阿拉伯各国的语言文化开辟了专门研究，研究部有专门的研究学者，成果丰硕。③

“2017年，教育部批准备案了390余家国别与区域研究中心，其中多数备案中心由外语学科牵头，全方位综合研究相关国家和区域的政治、经济、文

①王正绪：《区域国别研究的发展模式、学科视野与研究方法》，《太平洋学报》，2024年第4期，第10页。

②潘震：《新时代外语学科区域国别研究与外语专业人才培养路径》，《西安外国语大学学报》，2024年第2期，第44页。

③索文清：《东京外国语大学亚非语言文化研究所》，《国外社会科学》，1986年第7期，第66页。

化、社会等方面。”①

“2018年7月，在外交部、教育部、上海市人民政府共同指导下，上外承办了中阿改革发展研究中心，相关工作在中阿合作论坛第八届部长级会议上获得国家领导人肯定。”②

2018年9月，上海全球治理与区域国别研究院在上海外国语大学成立。

国内的外语院校中，上海外国语大学在这方面成就斐然，它拥有中东研究所、上海全球治理与区域国别研究院等近30个特色研究中心和区域国别基地，上海外国语大学的中东研究智库、中国外语战略研究智库、国际舆情研究智库入选首批中国智库索引。③上海外国语大学的成功经验值得我们借鉴。“外语院校是国别研究的最大储库，且有语言优势，这是从事国别研究的基本条件。以往语言教育更注重交流工具的作用，今后应该更注重知识载体的教育，培养会语言、懂知识的国别学人才。在区域国别学学科建设中，应该大力支持外语院校设立以对象国语言为基础的国别研究中心，对小语种、小国家的研究给予特别支持和扶植。”④“目前，中国已经初步建立起了国别与区域研究体系，该体系主要由以下四类机构构成：第一类是独立研究机构；第二类挂靠在社科类学科系；第三类挂靠在外国语言文学学科系；第四类是设有国别与区域研究方向的外国语言文学学科系。”⑤

高校智库具有三个优势：一是人才优势；二是学科优势；三是高校一直重视科学研究。⑥《刀与菊》是哥伦比亚大学人类学家鲁斯·本尼迪克研究日本的成果，美国政府将其作为对日政策的重要依据；《文明冲突论》是哈佛大

①彭青龙:《论外语学科方向变化新特点与内涵建设新思路》,《外语电化教学》，2023年第1期，第5页。

②李岩松:《贯彻全国教育大会精神，共促一流外语学科发展》,《外语界》，2019年第3期，第6页。

③人民日报:《用世界语言讲述中国故事：访上海外国语大学党委书记姜峰》，http://info.shisu.edu.cn/57/d3/c177a22483/page.htm

④张蕴岭:《关于区域国别学学科建设的思考》,《东亚评论》，2023年第2期，第14页。

⑤杨庆龙:《当前外语学科下国别与区域研究面临的问题及其对策》,《外语教学理论与实践》，2023年第3期，第26页。

⑥吴运亮:《高校智库建设正当其时》,《中国社会科学报》，2013年第4期，第7页。

学教授亨廷顿的研究成果，影响美国国际战略半个世纪。[①]美国智库的成功经验告诉我们，阿拉伯语专业智库应在我国对中东、阿拉伯、伊斯兰世界政策方面发挥积极作用。

阿拉伯语专业的研究方向和研究课题应该是与时俱进的，且要集中力量研究关系国家民族大计、战略的重要紧迫问题，为国家、地方政府在中东、阿拉伯、伊斯兰地区事务决策方面提供强有力的支持和参考，因为“按照弗莱克斯纳的观点，大学不能简单地迎合时尚，但必须满足经济社会发展的长远要求，以自己的实力和声望对科学和重大而紧迫的问题进行研究，对相应的社会政策产生影响，否则脱离社会，孤芳自赏，社会在发展，大学却拒绝因势而变，势必无法维持持久的繁荣。”[②]

①杨玉良：《大学智库的使命》，《复旦学报（社会科学版）》，2012年第1期。

②杨兴林：《关于“双一流”建设的三个重要问题思考》，《江苏高教》，2016年第2期，第41页。

结　语

一、研究总结

阿拉伯语一流专业的建设以中央的政策为指导，吸收其他高校阿拉伯语专业、外语学科其他专业和国外一流高校相关专业的先进经验，再结合自身的实际情况，发挥自身的特色和优势。建设一流的教师团队，培养一流的毕业生，做出一流的科研实践，这三点是阿拉伯语专业成为一流专业的必要条件和必由之路。

一流的教师团队必须要坚持外引和内培双管齐下，尽快形成自己的培养体系和造血能力，利用当地的有利政策形成跨越式发展，形成语言群式发展。

人才培养体系由人才培养方案、课程设置、教学理论方法、教材编写使用四部分组成。新时代阿拉伯语的人才培养应该分为三个层次：单一的语言型人才，结合其他学科的复合型人才，多重复合型人才。培养适应国家、地方、社会需求的国际化复合型“语言群+X”人才。还应该将阿拉伯语教学下沉到中学、小学阶段，形成从小学到大学的有效衔接。

在课程设置方面，低年级偏重语言学习，尤其要让学生抓紧第一年的学习，以便高年级转向跨学科学习。

在教学中，应根据不同的课程采取多种有效的教学理论和方法，多利用网络平台，将有实力的课程打造为金课，尤其应该重视对分课堂在教学中的应用。

重视教材的编写和使用，教材编写要遵循从非主干课程到主干课程的顺序，下大力气完成教材的本土化工作，编写双语教材、国别与区域教材，尤其是“一带一路”教材，填补这些领域的空白，做好教材的推广工作。

在科研实践方面，重视两个良性循环的作用，尽快将本科生、研究生带入科研工作中，建立中国的中东学和阿拉伯学，建设高水平智库。

二、新文科对阿拉伯语专业的启示

新文科作为全球高等教育改革的重要方向，强调学科间的交叉融合、技术融合、创新实践和全球视野，对高校阿拉伯语专业的发展提出了新的要求和机遇。

打破学科壁垒，推动跨学科融合。阿拉伯语专业需要超越传统语言技能训练，融入中东政治、经济、历史、宗教等区域国别研究内容，培养具备综合知识结构的阿拉伯世界通识人才。还要结合人工智能、大数据分析技术，开发阿拉伯语语料库、机器翻译、社交媒体文本挖掘等应用场景，培养语言技术复合型人才。

突出实践性与问题导向。围绕中东热点议题，如可持续发展、难民问题、伊斯兰金融等开展案例教学，引导学生通过语言能力提出解决方案。与中阿企业、国际组织合作实习项目，培养经贸、外交、国际法等领域的应用型人才。

深化全球视野与本土关怀。开设“中阿文明对话”“一带一路与阿拉伯文化认同”等课程，强调中国视角下的阿拉伯研究，避免西方中心主义叙事。综合中国企业与阿拉伯市场的需求，培养懂阿拉伯语且熟悉中阿贸易、法律、工程等领域的专业人才。

新文科背景下，阿拉伯语专业需要从“语言技能培训”转向“区域专家+技术应用+跨文化使者”的多元定位，以服务国家战略需求、学术前沿和产业变革。这一转型不仅是挑战，更是专业焕发新生的契机。

三、研究局限与展望

在新文科背景下，阿拉伯语专业建设的相关研究虽已取得一定进展，但仍然存在明显的局限性，同时未来发展的空间和方向也值得深入探讨。

学科交叉的深度不足。多数研究仍停留在“阿拉伯语+某学科”的简单叠加层面，缺乏真正的跨学科理论融合与方法论创新。例如，阿拉伯语与人工智能的结合多集中于机器翻译，而较少涉及语料库构建、情感分析等深层应用。

区域研究的视角单一。对阿拉伯世界的研究常依赖西方学术框架，缺乏中国视角的本土化解读。相关课程内容偏重欧美学者编纂的教材，忽视阿拉伯本土学者或中国学者的研究成果。

人才培养的同质化。培养方案仍以“语言技能+文学文化”为主，未能差异化对接行业需求。多数高校阿拉伯语专业的选修课占比低于20%，跨学科课程更少。

未来，阿拉伯语专业建设应突出中国视角的区域研究。开发“中阿文明对话”“中国与海湾国家合作史”等特色课程，平衡西方主导的学术话语。加强与阿拉伯本土高校合作，共建研究平台。同时，应对接国家战略和市场需求，细分人才培养方向，与中资企业合作定制化培养。除此之外，还可以融入全球治理议题，鼓励学生参与模拟联合国、中阿智库论坛等实践活动，用阿拉伯语撰写政策分析报告。

最后，希望本研究能为阿拉伯语专业成为一流专业尽一份力，也为一流外语学科、一流大学的建设做出一份贡献。

参考文献

学术论文

[1] Bolstad R. 2012. Principles for a future-oriented education system [J]. New Zealand Annual Review of Education, 21: 77-95.

[2] González M E et al. 2011. International business curriculum design: Identifying the voice of the customer using QFD[J]. Journal of International Education in Business, 41: 6-29.

[3] Rouhiainen L. 2019. How AI and data could personalize higher education [J]. Harvard Business Review, 14: 2-5.

[4]“双一流”背景下的中国语言学学科建设高端论坛在北京语言大学召开[J]. 语言教学与研究，2018（04）：2.

[5] 安丰存，王铭玉，2019. 新文科建设的本质、地位及体系[J]. 学术交流，2019（11）：5−14+191.

[6] 蔡基刚，2018. 高校外语界“金课”打造的标准和内容探索[J]. 浙江外国语学院学报（06）：1−5.

[7] 陈宝生，2018. 在全国教育工作会议上的讲话[J]. 中国高等教育（05）：7−16.

[8] 陈琳，2008. 让“多语种、高质量、一条龙”愿望完满实现[J]. 山东师范大学外国语学院学报（基础英语教育），10（05）：3−9.

[9] 陈宝生，2018. 在全国教育工作会议上的讲话[J]. 中国高等教育（05）：7−16.

[10] 陈思宇，2023. 新文科外语专业跨学科知识整合的形成性评价与引导策略[J]. 社会科学家（10）：150−154.

[11] 陈晓强，徐秀兵，2006.《论语》“不愤不启，不悱不发”解——兼谈启发式教学思想[J]. 甘肃联合大学学报（社会科学版）(02)：77−79.

[12] 陈新阳，2019. 支撑研究型大学本科人才培养的学科结构特征[D]. 华东师范大学.

[13] 陈彧，2019. 外语教育新生态与高校英语教师核心能力发展[J]. 英语广场（04）：81−83.

[14] 陈征，周润琪，2024. 美国高水平区域国别研究机制建设的经验与挑战——以哈佛大学费正清中国研究中心为例[J]. 日本学研究（01）：16−40+364−365.

[15] 陈治亚，2016. 高水平行业高校建设一流专业的思考[J]. 中国高校科技（06）：4−6

[16] 戴炜栋，王雪梅，2016.“双一流”背景下的我国外国语言文学学科发展战略[J]. 北京第二外国语学院学报，38（05）：1−13+136.

[17] 戴炜栋，王雪梅，2017.“双一流”背景下外语类院校的发展定位、特征与战略[J]. 北京第二外国语学院学报，39（01）：1−17+127.

[18] 邓世平，2023. 新文科视域下外语学科知识体系的交叉融合建构：一项跨案例研究[J]. 外语界（04）：34−41.

[19] 董洪川，2013. 协同创新：外语院校服务国家和社会的战略选择[A]. 全国外语院校科研管理协作会，第五届外语院校繁荣发展哲学社会科学高层论坛暨全国外语院校科研管理协会年会会议论文集[C]. 全国外语院校科研管理协作会：天津外国语大学科研处：70−75.

[20] 董曼霞，2015. 生态学视角下英语专业课程设置原则探析[J]. 西安外国语大学学报，23（02）：59−63.

[21] 朵宸颉，2014. 阿拉伯语基础教学中学生跨文化意识的培养[J]. 才智（30）.

[22] 樊晓燕，2023. 新文科背景下我国外语学科博士研究生科研能力实证研究[J]. 西安外国语大学学报，31（02）：61−67.

[23] 冯仁蔚，李小明，付玉，熊凤，岳海燕，2019.“双一流”建设背景下高校本科教育质量保障的新要求[J]. 教育现代化，6（51）：99-103.

[24] 葛婉，2019.“双一流”背景下的我国外国语言文学学科发展战略[J]. 文学教育（下），（07）：24-25.

[25] 郭筠，2017. 基于自主教学的“阿拉伯社会与文化”翻转课堂教学模式研究[J]. 科教导刊（中旬刊），（09）.

[26] 郭荣，刘涛，2019.“双一流”高校研究生公共外语课程评估研究——基于课程大纲学习成果评估的实证分析[J]. 宁夏师范学院学报，40（11）：41-46.

[27] 郭英剑，2018.“双一流”建设之于外语学科的意义[J]. 当代外语研究（04）：1-2.

[28] 郭英剑，2023. 外语学科的国别与区域研究：概念、内涵、定位与内容[J]. 外语教育研究前沿，6（01）：23-29+93.

[29] 韩艳辉，2019. 国内慕课建设评议——兼论外语类课程的慕课适用性[J]. 外语电化教学（05）.

[30] 郝平，2019. 高扬我国外语高等教育科学发展的时代竞帆——基于北京外国语大学外语教育教学改革实践的反思[J]. 北京教育（高教版）（01）：31-34.

[31] 何丽萍，2018.“双一流”建设背景下地方高校外国语言文学学科发展研究[J]. 创新与创业教育，9（06）：145-148.

[32] 何其莘，2001. 培养21世纪的外语专业人才——新《大纲》的修订过程及主要特点[J]. 外语界（01）：4-8+27.

[33] 何欣，2016. 新时期一流学科建设背景下外语高校专业课程设置改革研究——兼谈诗歌教学[J]. 语文学刊（04）：136-138.

[34] 胡新云，雍涵乔，2017. 耶鲁大学本科外语语言与文学/文明类专业课程体系研究[J]. 湖北函授大学学报，30（22）：114-116.

[35] 黄宝印，2017. 科学谋划 创新推进加快建设中国特色世界一流大学和一流学科[J]. 中国高等教育（19）：30-36.

[36] 黄国文，2023. 新工科、新医科、新农科、新文科与外语学科建设的关系[J]. 中国外语，20（05）：1+11−17.
[37] 黄慧，彭云，2024. 新文科背景下外语专业学生跨学科素养模型构建[J]. 外语界（02）：54−62.
[38] 黄新炎，许钧，2020. 建设一流学科需要处理好四个关系——许钧教授访谈录[J]. 天津外国语大学学报，27（01）：146−152.
[39] 纪秀明，2024. 外语期刊对区域国别学科智库功能的实现路径及问题[J]. 外语学刊（04）：106−111.
[40] 姜涛，2019."双一流"视域下外语专业学生语用能力培养研究[J]. 职业技术，18（12）：23−26.
[41] 姜智彬，2017."双一流"建设中外语类高校的使命感教育[J]. 中国高教研究（12）：25−28.
[42] 蒋艳，马武林，2018. 论大学英语慕课建设应该避免的误区[J]. 外国语文，34（01）.
[43] 雷长柱，2015. 创新型人才培养与学生求知欲良性互动机制的构建[J]. 教育评论（03）：20−22.
[44] 李成伟，2017."双一流"大学建设背景下大学英语教学的方向及路径[J]. 宜春学院学报，39（05）：116−121.
[45] 李建中，2012. 美国大学的创新教育及启示[J]. 创新与创业教育，3（04）：103−106.
[46] 李萍，2023. 翻译与区域国别研究的知识翻译学观察[J]. 当代外语研究（01）：16−23.
[47] 李维屏，王雪梅，2019. 构建学科联盟平台，促进一流学科发展[J]. 外语界（02）：14−15+23.
[48] 李岩松，2019. 贯彻全国教育大会精神，共促一流外语学科发展[J]. 外语界（03）：2−6.
[49] 李志东，2021. 外语学科国别与区域研究：发展与挑战[J]. 外语学刊（01）：59−65.

[50] 栗洁歆，孙疆卫，王立非，2023. 外国语言文学学科学术创新力评价与分析 [J]. 外国语文，39（04）：158−167.

[51] 梁君英，韩天高，2017. 一流外语学科的发展路径——浙江大学“2030学科畅想”暨外语学科发展高层论坛综述[J]. 外语研究，34（01）：66−68.

[52] 刘和平，韩林涛，2022. 新文科背景下融合型语言服务人才培养模式[J]. 外语教育研究前沿，5（04）：27−33+91.

[53] 刘宏，王军哲，罗林，等，2020. 外国语言文学学科高质量发展的路径[J]. 北京第二外国语学院学报，42（04）：3−12.

[54] 刘鸿武，2020. 中国区域国别之学的历史溯源与现实趋向[J]. 国际观察（05）：53−73.

[55] 刘婧，丁文将，史海静，王晶，2020. 地方高校复合型英语人才培养模式探析[J]. 湖北开放职业学院学报，33（04）：156−157.

[56] 刘珣，2022. 新文科背景下外语学科区域国别研究人才培养模式探索[J]. 对外经贸（10）：126−129.

[57] 刘玉梅，2018. 外语学科专业建设的反思与超学科前瞻[J]. 中国外语，15（03）：4−12.

[58] 柳文佳，罗林，2019. 高校阿拉伯语教学改革的历史逻辑与路径选择[J]. 中国穆斯林（01）：82−84.

[59] 龙翔，2016. 大二阿拉伯语写作课设计探究——以扬州大学2014级大二上学期写作课为例[J]. 科教文汇（6）.

[60] 陆小兵，王文军，钱小龙，2018.“双一流”战略背景下我国高等教育国际化发展反思[J]. 高校教育管理，12（01）：27−34.

[61] 罗坤晔，王健，徐海山，2013. 关于激发高校学生求知欲的研究[J]. 科技信息（21）：20−21.

[62] 罗婷，尹红，2018.“双一流”背景下地方高校英语专业课程设置研究[J]. 现代商贸工业，39（02）：178−179.

[63] 吕洪灵，2022. 新文科背景下外国文学国别与区域研究的融合 [J]. 当代外语研究（01）：122−129.

[64] 马和斌，2008. 零起点阿拉伯语专业学生常见写作错误分析[J]. 甘肃联合大学学报（社会科学版），24（5）.
[65] 马和斌，2007. 母语负迁移对阿拉伯语写作的影响及解决办法[J]. 语文学刊（4）.
[66] 马洁，任学柱，2023. 新文科建设中高校外语教师专业身份建构研究[J]. 外语界（05）：73–80.
[67] 马婧雯，朱进军，邢育睿，2019. "双一流"建设背景下大学生国际竞争力的提升：内涵、要求、路径[J]. 承德石油高等专科学校学报，21（02）：87–91.
[68] 马文娟，2016. 项目教学法与阿拉伯语口语教学改革[J]. 传播与版权（12）.
[69] 潘震，2024. 新时代外语学科区域国别研究与外语专业人才培养路径[J]. 西安外国语大学学报，32（02）：43–47.
[70] 彭青龙，2018. 论外语学科方向变化新特点与内涵建设新思路[J]. 外语电化教学（03）：3–7.
[71] 彭青龙，2023. 外语学科区域国别学人才培养与科学研究面临的挑战、机遇和定位[J]. 外语教学理论与实践（01）：9–17+8.
[72] 钱乘旦，2022. 关于区域国别研究的几个问题[J]. 史学理论与史学史学刊，27（02）：7–10.
[73] 钱昕怡，2014. 日本高校的外语专业改革研究——以东京外国语大学外国语学部的改编为例[J]. 中国人民大学教育学刊（02）：82–92.
[74] 沈骑，顾钧仪，2024. 区域国别学视域下外语人才培养的模型构建与优化路径[J]. 外语教学与研究，56（04）：618–627+641.
[75] 史耕山，黄永新，2016. 美国高校外语类本科专业课程设置调查与分析[J]. 解放军外国语学院学报，39（03）：37–44.
[76] 束定芳，2017. 社会需求与外语学科建设[J]. 中国外语，14（01）：22–25.
[77] 孙建京，2004. 应用性大学的学科与专业建设思考[J]. 北京联合大学学报（人文社会科学版）（03）：84–87.

[78] 孙钦美，赵双花，2018. 构建新时代高校外语学科协同发展“共同体”——一流外国语言文学学科建设与发展高峰论坛述评[J]. 外语界（02）：74–79.

[79] 孙伟，2018. 高校本科全英语课程评价[D].华东师范大学，2018.

[80] 索文清，1986. 东京外国语大学亚非语言文化研究所[J]. 国外社会科学（07）：66–68.

[81] 唐东旭，李孝英，2024. 高等教育外语学科高质量发展的实践逻辑——基于“新文科”与“有组织科研”的交叉视域[J]. 外语界（01）：41–48.

[82] 涂铭旌，唐英，张进，孟江平，2012. 创新型人才培养的思路、方法及路径（一）[J]. 西华大学学报（自然科学版），2012，31（04）：1–4+118.

[83] 汪徽，2005. 激发大学生学习兴趣 提高外语教学质量[J]. 中共南京市委党校南京市行政学院学报（05）：82–83.

[84] 汪珏，2015.“项目导向型”教学法在阿拉伯语经贸应用文写作课程中的运用[J]. 开封教育学院学报，2015,（7）.

[85] 王宝玺，于晴，2018. 亚洲世界一流大学建设的特点及启示——以东京大学、新加坡国立大学和香港科技大学为例[J]. 高校教育管理，12（06）：57–64.

[86] 王顶明，2018–03–20“引育结合”联合培养高校人才[N]. 中国教育报.

[87] 王华树，刘世界，2022. 新文科背景下翻译技术核心课程教学模式探索[J]. 外语教学，43（06）：57–62.

[88] 王乐，王晓涔，2023. 新文科背景下对语言学教材建设的思考[J]. 外语研究，40（03）：42–46.

[89] 王立非，崔璨，2018. 论外语专业人才培养向外语产业人才培养的转变[J]. 语言教育，6（03）：2–6+21.

[90] 王铭玉，张涛，2019. 高校新文科建设思考与探索——兼谈外国语言文学学科建设[J]. 天津外国语大学学报，26（06）：1–7.

[91] 王铭玉，2020. 新文科——一场文科教育的革命[J]. 上海交通大学学报（哲学社会科学版），2020，28（01）：19–22+30.

[92] 王平祥，2018. 研究型大学本科教育人才培养目标研究[D]. 华中科技大学.
[93] 王素斌，2018. 中国双一流大学国际化评估指标体系研究[D]. 华东师范大学.
[94] 王雪梅，赵双花，2019. “一带一路”沿线一流高校外语专业/课程设置研究[J]. 外语界（06）.
[95] 王雪梅，2017-06-01. 外语类院校如何建设“双一流”[N]. 社会科学报（005）.
[96] 王雪梅，2013. 加拿大英语专业博士课程设置、学位论文评估对我国外语专业博士生学术能力发展的启示[J]. 外语界（06）：49−56.
[97] 王雪梅，2019. 新时代一流外语学科建设：内涵、原则与路径[J]. 外语界（01）：23−30+60.
[98] 王奕红，韩亦男，2023. “问题”核心：新文科视阈下日语专业建设探析[J]. 外语教学理论与实践（06）：51−57.
[99] 王正胜，丁素萍，2010. 国内高校英语专业课程设置研究[J]. 北京第二外国语学院学报，32（06）：79−85.
[100] 王正胜，2014. 国际化、本地化、全球化——国内高校英语专业课程设置探索[J]. 当代外语研究（01）：31−35+77−78.
[101] 王正绪，2024. 区域国别研究的发展模式、学科视野与研究方法[J]. 太平洋学报，32（04）：1−13.
[102] 王志丰，2012. 断裂与链接——关于大学学科与专业建设的思考[J]. 大学（学术版)(10）：90−95.
[103] 王志强，马磊，王寰，2014. 全球化背景下外语类高校人才培养模式研究——以东京外国语大学为例[J]. 外语电化教学（05）：40−48.
[104] 文秋芳，2016. “一带一路”语言人才的培养[J]. 语言战略研究，1（02）：26−32.
[105] 吴岩，2019. 打好全面振兴本科教育攻坚战[R]. 郑州：2019年全国高教处长会.
[106] 吴岩，2019. 新使命 大格局 新文科 大外语[J]. 外语教育研究前沿，2（02）：3−7+90.

[107] 吴岩，2021. 抓好教学“新基建”培养高质量外语人才[J]. 外语教育研究前沿，4（02）：3−6.

[108] 吴运亮，2013−12−04. 高校智库建设正当其时[N]. 中国社会科学报（B07）.

[109] 武晓霞，孙悦，2022. 新文科背景下大学公共俄语教学的新要求——关于《大学俄语教学指南》修订的几点思考[J]. 中国俄语教学，41（04）：88−95.

[110] 肖凌，2012. 认知理论下基础阿拉伯语阅读训练策略研究[J]. 北京第二外国语学院学报，34（04）.

[111] 谢静，2018. 以项目为依托的数字故事教学模式——“双一流”背景下提升大学生英语能力的新途径[J]. 三峡大学学报（人文社会科学版），40（04）：113−116.

[112] 谢韬，2024. 区域国别研究：从服务国家战略需求到建构自主知识体系[J]. 清华大学学报（哲学社会科学版），39（03）：36−46+242.

[113] 徐洪征，2024. 新文科背景下俄语专业特色建设实践与探究——以中国传媒大学俄语专业为例[J]. 中国俄语教学，43（01）：76−83.

[114] 徐志英，2015. 综合大学英语专业学科定位和核心课程体系建设的思考[J]. 外语与外语教学（03）：35−40.

[115] 严明，2023. 新时代普通高校外语类一流本科专业建设的若干思考[J]. 外语学刊（01）：81−86.

[116] 阎亚军，杨波，2018. 学科逻辑视域下的中国高校智库建设——基于“双一流”建设的思考[J]. 教育研究，39（05）.

[117] 杨华，2013. 高校阿拉伯语写作教学现状研究与改革探索[J]. 佳木斯教育学院学报（10）.

[118] 杨华，2015. 浅谈阿拉伯语教学中的阅读与写作[J]. 教育界（9）.

[119] 杨建国，崔玉晶，2018.“双一流”建设背景下外语人才培养模式探究[J]. 北京教育（高教）（06）：42−45.

[120] 杨庆龙，2023. 当前外语学科下国别与区域研究面临的问题及其对策[J]. 外语教学理论与实践（03）：26–33.

[121] 杨兴林，2016. 关于“双一流”建设的三个重要问题思考[J]. 江苏高教（02）.

[122] 杨英法，2009. 显示问题式教材编纂法构想[J]. 河北工程大学学报（社会科学版），26（04）：72–75.

[123] 杨玉良，2012. 大学智库的使命[J]. 复旦学报(社会科学版)(1）.

[124] 殷安生，2016.“双一流”建设中地方高校学科发展的机遇与挑战——以外语学科为例[J]. 疯狂英语（理论版)(04）：14–17+228.

[125] 员大强，2004. 试论学习态度与大学生成才的关系[J]. 西安联合大学学报（06）：107–109.

[126] 约翰·康威，2010. 培养外语人才：美国空军如何与民间高校合作共赢[J]. 空天力量（秋季）.

[127] 张德祥，2016. 高校一流学科建设的关系审视[J]. 教育研究，37（08）.

[128] 张剑，2023. 外国语言文学的学科边界与“新文科”的交叉融合[J]. 上海交通大学学报（哲学社会科学版），31（01）：101–112.

[129] 张生祥，杜尚睿，2023. 社会需求导向的新文科英语师范人才核心素养及培养模式研究[J]. 西安外国语大学学报，31（02）：50–54.

[130] 张天伟，2017–06–04. 非通用语种建设亟需全面布局[N].光明日报.

[131] 张维琪，孙志伟，忻华，2023. 区域国别学学科建设的多维探索：以上海外国语大学为例[J]. 国际观察（02）：132–156.

[132] 张蔚磊，邹斌，2023. 区域国别外语人才培养：为什么？怎么做？[J]. 外语教学理论与实践（03）：18–25+77.

[133] 张晓红，林家钊，2023. 新文科背景下外语学科创新实践与学术反思[J]. 外语教学与研究，55（01）：114–122.

[134] 张雪梅，戴炜栋，2010. 试析中国高校英语专业课程设置之演变[J]. 外语与外语教学（01）：1–5.

[135] 张艳凤，2019.“双一流”建设背景下民办本科高校学科建设机制的思考——以广东外语外贸大学南国商学院为例[J]. 教育观察，8（31）：118–120.

[136] 张艳玲，白辉，2024. 新文科背景下行业院校复合型翻译人才培养的内涵、特色和创新模式——基于中国民航大学翻译硕士培养的实践探索[J]. 上海翻译（03）：54–58.

[137] 张蕴岭，2023. 关于区域国别学学科建设的思考[J]. 东亚评论（02）：1–20+301.

[138] 赵美娟，王会花，2016. 外语院校人才培养方案的优化探索——基于对毕业生调查的研究[J]. 外语界（03）：42–49.

[139] 赵蓉晖，冯健高，2020. 区域国别研究视角下的语言能力：地位与内涵[J]. 外语界（03）：20–28.

[140] 赵雪琴，肖飞，韩媛媛，2017. "双一流"建设背景下非外语专业研究生英语需求现状调查及分析——以江苏13所高校为例[J]. 外语研究，34（04）：36–44+112.

[141] 郑春荣，2020. 全球治理视域下国别区域人才培养探析[J]. 中国外语，17（06）：20–25.

[142] 郑新民，荆菁，2018. "双一流"学科建设目标下如何有效提升外语学位论文撰写质量——香港教育大学Bob Adamson教授访谈录[J]. 外语电化教学（02）：91–96.

[143] 郑玉琪，2006. 英语专业课程设置改革与创新人才培养模式[J]. 外语与外语教学（08）：33–36.

[144] 周川，1992. "专业"散论[J]. 高等教育研究（1）：79–83.

[145] 周永雄，2017. "双一流"背景下专业文化建设探析[J]. 铜仁学院学报，19（07）.

[146] 朱吉梅，楼青，2010. 应用型大学外语学科专业一体化建设的思考——以浙江科技学院外语学科专业一体化建设为例[J]. 浙江科技学院学报，22（04）：321–324.

[147] 朱兰，王秀红，2023. 我国区域国别研究型人才培养机制创新——基于当代英美发展的比较视角[J]. 东北师大学报（哲学社会科学版）(02)：149–157.

[148] 祝朝伟，2020. 翻译的话语等效与对外话语传播体系创新[J]. 中国外语，17（02）：4−12.

[149] 庄智象，韩天霖，谢宇，等，2013. 试论国际化创新型外语人才培养的教材体系建设[J]. 外语界（05）：45−50.

[150] 庄智象，2020. 建一流外语学科，办一流外语期刊[J]. 编辑学刊（02）：6−11.

学术著作

[1] Barnett R & Coate K. 2005. Engaging the Curriculum in Higher Education [M]. Maidenhead, Berkshire: Open University Press. 2005.

[2] J. Becker, The Phrasal Lexicon, Cambridge Mass, Boltand Nesman, 1975.

[3] MotzoA. & Proudfoot A. MOOCs for language learning- opportunities and challenges: The case of the Open University Italian beginners' MOOCs[A]. In Kan，Q. & S. Bax (eds.). Introduction to Beyond the Language Classroom: Researching MOOCs and Other Innovations[C]. Research-publishing. net，2017.

[4] 布朗，基利，2013. 学会提问[M]. 吴礼敬译. 北京：机械工业出版社.

[5] 布鲁克菲尔德，普雷斯基尔，2011. 实用讨论式教学法[M]. 罗静，等译. 北京：中国轻工业出版社.

[6] 马祖尔，2011. 同伴教学法[M]. 朱敏，等译. 北京：机械工业出版社.

[7] 布鲁纳，1982. 教育过程[M]. 邵瑞珍译. 北京：文化教育出版社.

[8] 陈学飞，2002. 高等教育国际化：跨世纪的大趋势[M]. 福州：福建教育出版社.

[9] 哈佛委员会，2010. 哈佛通识教育红皮书[M]. 李曼丽译. 北京：北京大学出版社.

[10] 胡文仲，2004. 超越文化的屏障[M]. 北京：外语教学与研究出版社.

[11] 教育部高等学校教学指导委员会，2018. 普通高等学校本科专业类教学质量国家标准[S]. 北京：高等教育出版社.

[12] 夸美纽斯，1999. 大学学伦[M]. 傅仁敢译. 北京：人民教育出版社.
[13] 刘宓庆，2001. 翻译与语言哲学[M]. 中国对外翻译出版公司.
[14] 刘欣路，吴晏雁，2018. 当代阿拉伯研究——阿拉伯语语言文学学科发展与课程建设专辑[M]. 北京：北京师范大学出版社.
[15] 刘欣路，吴晏雁，2019. 当代阿拉伯研究——阿拉伯语语言文学学科发展与课程建设专辑2[M]. 北京：北京师范大学出版社.
[16] 吉本斯，等，2011. 知识生产的新模式：当代社会科学与研究的动力学[M]. 陈洪捷，等译. 北京：北京大学出版社，2011.
[17] 伯格曼，萨姆，2015. 翻转课堂与慕课教学：一场正在到来的教育变革[M]. 宋伟译. 北京：中国青年出版社.
[18] 塞米，2012. 问题导向学习（PBL）指南[M]. 王维民译. 北京：北京大学医学出版社.
[19] 索绪尔，1982. 普通语言学教程[M]. 北京：高名凯译. 商务印书馆.
[20] 伍新春，管琳，2010. 合作学习与课堂教学[M]. 北京：人民教育出版社.
[21] 许钧，2009. 翻译概论[M]. 北京：外语教学与研究出版社.
[22] 张民杰，2006. 案例教学法：理论与实务[M]. 北京：九州出版社.
[23] 张学新，2017. 对分课堂 中国教育的新智慧[M]. 北京：科学出版社.
[24] 中国社会科学院语言研究所词典编辑室，1996. 现代汉语词典（修订本）[M]. 北京：商务印书馆.
[25] 钟启泉，2004. 现代课程论[M]. 上海：上海教育出版社.
[26] 联合国教科文组织，2015. Rethinking Education: Towards a Global Common Good? [M/OL]. 巴黎：联合国教科文组织. [2022-08-23]. https://unesdoc.unesco.org/ark:/48223/pf0000232555.

电子资源

[1] 《教育部，2020-11-03. 新文科建设宣言》正式发布[EB/OL]. [2024-07-17]. https://news.eol.cn/yaowen/202011/t20201103_2029763.shtml.